ナイフよりフォークの料理本

グルテンフリーやグルテンフリーを含む、健康と持続可能
性のための 100 を超える植物ベースのレシピ
大豆不使用のオプション

さゆり 浜田

目次

導入

健康的なライフスタイルを維持するのに役立つ、風味豊かで満足感があり、栄養価の高い食事を探していますか？ 最適な健康と減量を達成するために設計された、おいしい自然食品の植物ベースのレシピが満載の『フォークス・オーバー・ナイフ・クックブック』以外に探す必要はありません。 その中には、動物性食品、精製砂糖、加工食品を含まない、100 を超える食欲をそそるレシピが掲載されています。ボリュームたっぷりの朝食からおいしいディナー、そしてその間のあらゆる料理まで、この料理本には誰もが楽しめる内容が揃っています。 ズッキーニのフリッター、レンズ豆と野菜のシェパーズパイ、黒豆とサツマイモのチリ、クリーミーなマッシュルームのストロガノフなどのレシピで、植物ベースの食事の力を発見してください。各レシピは、最大限の風味と栄養を提供しながら、簡単に作れて予算にも優しいように注意深く作られています。 ナイフよりフォークの料理本を使えば、健康を損なうことなく欲求を満たすおいしい食事を作る方法を学びます。プラントベースをよく食べる人でも、まだ始めたばかりの人でも、このクックブックは健康とウェルネスの改善を目指す人にとって最適なリソースです。

ホールフード、植物ベース、健康的な生活、減量、風味豊かで満足のいく、栄養価の高い食事、最適な健康状態、動物性食品、精製砂糖、加工食品、ボリュームたっぷりの朝食、風味豊かなディナー、ズッキーニのフリッター、レンズ豆、野菜のシェパーズパイ、黒豆、サツマイモのチリ、クリーミーなマッシュルームのストロガノフ、最高の風味、栄養、簡単に作れて、予算に優しい、渇望、健康、ウェルネス。

朝食

1. スパイシーなトロピカルグリーンスムージー

1 人前

ほうれん草の葉をしっかりと詰めたもの　2 カップ

冷凍パイナップルの塊　1 カップ

冷凍マンゴーチャンク　1 カップ

皮をむいて種を取り除いた小さなみかん　1 個、またはライム　1 個の果汁

ココナッツウォーター　1 カップ

カイエンペッパー　小さじ 1/4（お好みで）

すべての材料をブレンダーに入れ、滑らかになるまで高速でブレンドします。冷やしてお楽しみください。

2. ベリーベリースムージー

1 人前

無糖アーモンドミルク 1 と 1/2 カップ、必要に応じて追加、または水

ベリー類 1 カップ（イチゴ、ブルーベリー、ラズベリーなど）

種を取って刻んだメジュールデーツ 1/2 カップ、またはお好みで

すべての材料をブレンダーに加え、滑らかでクリーミーになるまで処理します。滑らかな粘稠度を実現するために、必要に応じてアーモンドミルクを追加します。

3. バナナクランベリースムージー

バナナ、クランベリー、デーツを組み合わせて、この甘くてピリッとした朝食ドリンクを作ります。私はアーモンドミルクを使うのが好きですが、お好みの植物性ミルクを使っても構いません。

1 人前

無糖の植物性ミルクまたは水　1 と 1/2 カップ

冷凍クランベリー　1 カップ

皮をむいた大きめのバナナ　1 本

種を取って刻んだメジュールデーツ　1/2 カップ、またはお好みで

すべての材料をブレンダーで混ぜ合わせ、滑らかでクリーミーになるまで処理します。

4. ストロベリーピーチスムージー

1 人前

刻んだ冷凍イチゴ 1/2 カップ

冷凍桃のスライス 1/2 カップ

無糖の植物性ミルク 1 1/2 カップ、さらに必要に応じて追加

種を取って刻んだメジュールデーツ 1/2 カップ、またはお好みで

すべての材料をブレンダーで混ぜ合わせ、滑らかでクリーミーになるまで処理します。滑らかな粘稠度を実現するために、必要に応じて植物ベースのミルクをさらに追加します。

5. チャンキーモンキースムージー

1 人前

無糖アーモンドミルク 1 カップ、必要に応じて追加、または水

中くらいの冷凍バナナ 2 本、皮をむいて乱切りにする

ピーナッツバター 大さじ 1

種を取って刻んだメジュールデーツ 1/2 カップ、またはお好みで

無糖ココア 大さじ 1

すべての材料をブレンダーで混ぜ合わせ、滑らかでクリーミーになるまで処理します。滑らかな粘稠度を実現するために、必要に応じてアーモンドミルクを追加します。

6. パンプキンパイ・スムージー

1 人前

無糖アーモンドミルク、または水　1 カップ

かぼちゃピューレ　1/2 カップ

角氷　1/2 カップ

メジュールデーツ　4 個（種を取り除いて刻む、またはお好みで）

ピュアバニラエキス　小さじ 1/4

シナモン粉　小さじ 1/4

ナツメグをつまむ

すべての材料をブレンダーで混ぜ合わせ、滑らかでクリーミーになるまでピューレにします。

7. ジンジャーブレッドスムージー

1 人前

無糖の植物性ミルクまたは水 1 と 1/2 カップ

未硫化糖蜜 小さじ 1、または好みの量 (亜硫酸塩と二酸化硫黄について詳しくはこちらをご覧ください)

メジュールデーツ 6 個 （種を取り、みじん切りにする）

皮をむいてすりおろした生姜 1/2 インチ片、またはお好みで

シナモンをつまむ

ナツメグをつまむ

氷 2〜3 個

すべての材料をブレンダーで混ぜ合わせ、滑らかでクリーミーになるまで処理します。

グラノーラとミューズリー

8. ストーブトップグラノーラ

1/2 カップで 12 回分になります

ロールドオーツ 5 カップ

ナツメヤシ糖蜜または玄米シロップ 3/4 カップ

シナモンパウダー 大さじ 1

塩 小さじ 1/2、またはお好みで

刻んだドライフルーツ 1 カップ（リンゴ、アプリコット、ナツメヤシ、レーズン、クランベリー、ブルーベリーなど）

1. オーツ麦を鍋に入れて中弱火にかけ、絶えずかき混ぜながら 4〜5 分間、または軽くトーストするまでトーストします。大きなボウルに移します。

2. 同じ鍋に糖蜜を加え、中弱火で沸騰させます。1 分間調理します。トーストしたオーツ麦、シナモン、塩を糖蜜に加え、よく混ぜます。シリアルをテフロン加工のベーキングシートの上に注ぎ、室温まで冷まします。

3. シリアルが冷めたら、大きなボウルに移し、ドライフルーツを加えて混ぜます。密閉容器に入れて最長 2 週間保管します。

9. 基本の焼きグラノーラ

1/2 カップで 16 回分になります

ロールドオーツ 8 カップ

種を取って刻んだナツメヤシ 1 と 1/2 カップ

オレンジの皮 2 個

粉末シナモン 小さじ 1

純粋なバニラエキス 小さじ 1

塩小さじ 1、またはお好みで

1. オーブンを 275°F に予熱します。

2. オーツ麦を大きなミキシングボウルに加え、脇に置きます。2 つの 13 × 18 インチの天板にクッキングシートを敷きます。

3. 中型の鍋にナツメヤシと水 2 カップを入れ、沸騰させ、中火で約 10 分間煮ます。デーツが鍋にくっつかないように、必要に応じて水を追加します。火から下ろし、混合物をオレンジの皮、シナモン、バニラ、塩と一緒にブレンダーに加え、滑らかでクリーミーになるまで処理します。

4. デーツ混合物をオーツ麦に加え、よく混ぜます。グラノーラを用意した 2 つの型に分けて、型に均等に広げます。グラノーラがカリカリになるまで、10 分ごとにかき混ぜながら 40〜50 分間焼きます。オーブンから取り出し、冷ましてから密閉容器に保管します（冷めるとシリアルはさらにカリカリになります）。

10. バナナアーモンドグラノーラ

1/2 カップで 16 回分になります

ロールドオーツ 8 カップ

種を取って刻んだナツメヤシ 2 カップ

熟したバナナ 2 本（皮をむいて刻む）

アーモンドエキス 小さじ 1

塩小さじ 1、またはお好みで

スライスしたアーモンド 1 カップ（トーストしたもの、お好みで）

1. オーブンを 275°F に予熱します。

2. オーツ麦を大きなミキシングボウルに加え、脇に置きます。2 つの 13 × 18 インチの天板にクッキングシートを敷きます。

3. 中型の鍋にデーツと水 1 カップを入れ、沸騰させ、中火で 10 分間煮ます。デーツが鍋にくっつかないように、必要に応じて水を追加します。火から下ろし、混合物をバナナ、アーモンドエキス、塩とともにミキサーに加えます。滑らかでクリーミーになるまで処理します。

4. デーツ混合物をオーツ麦に加え、よく混ぜます。グラノーラを用意した 2 つの型に分け、型に均等に広げます。グラノーラがカリカリになるまで、10 分ごとにかき混ぜながら 40〜50 分間焼きます。オーブンから取り出して冷ましてから、必要に応じてスライスしたアーモンドを加えます（シリアルは冷めるとさらにカリカリになります）。グラノーラは密閉容器に入れて保存してください。

11. バナナ、ナツメヤシ、ココナッツのミューズリー

2 人分

ロールドオーツ 1 カップ

無糖アーモンドミルク 3/4 カップ

種を取って刻んだデーツ 1/2 カップ

トーストした無糖ココナッツ 1/4 カップ

バナナ 1 本（皮をむいてスライス）

すべての材料をボウルに入れて混ぜ、15 分間浸します。

12. アップルシナモンミューズリー

2 人分

ロールドオーツ 1 カップ

無糖アーモンドミルク 3/4 カップ

レーズン 1/2 カップ

シナモン粉 小さじ 1/4

ナツメヤシ糖蜜または玄米シロップ 大さじ 2 （お好み）

グラニースミスリンゴ 1 個

1. オーツ麦、アーモンドミルク、レーズン、シナモン、ナツメヤシ糖蜜（使用する場合）をボウルに入れて混ぜ、15 分間浸します。シリアルを食べる準備ができたら、リンゴをすりおろしてシリアルに加え（または、シリアルに加える前にリンゴの芯を取り、別々に刻んで）、よく混ぜます。

13. バナナグラノーラパフェ

4 人分

バナナクリームの場合：

12 オンスの超木綿豆腐 1 パック （水切り）

熟したバナナ 2 本 （皮をむき、粗く刻む）

レモン汁 大さじ 2

ナツメヤシ糖蜜または玄米シロップ 1/2 カップ

純粋なバニラエキス 小さじ 1

塩をひとつまみ、またはお好みで

バナナ アーモンド グラノーラ または バナナ、デーツ、ココナッツ ミューズリー 2 カップ

フルーツサラダ 1/2 バッチ、または約 4 カップ

バナナクリームの作り方：

1. 豆腐、バナナ、レモン汁、ナツメヤシ糖蜜、バニラ、塩をブレンダーに入れ、滑らかでクリーミーになるまでピューレ状にします。お召し上がりになる少なくとも 1 時間前に冷やしてください。

パフェを組み立てるには:

2. 6 オンスのパフェグラスを 4 つ用意します。

3. パフェグラスの底にバナナクリーム 1/4 カップをスプーンで入れます。その上にグラノーラ 1/4 カップを乗せ、続いてフルーツサラダ 1/4 カップを乗せます。グラスがいっぱいになるまでこれを繰り返し、残りのパフェグラスでも同じことを行います。

14. チェリーピーカングラノーラバー

12 本のバーを作ります

ロールドオーツ 2 カップ

デーツ 1/2 カップ（種を取り、粗く刻む）

オレンジジュース 1/2 カップ

刻んだピーカンナッツ 1/4 カップ

フルーツ甘味のあるドライチェリー 1 カップ

挽いたシナモン 小さじ 1/2

オールスパイス 小さじ 1/4

塩をひとつまみ、またはお好みで

1. オーブンを 325°F に予熱します。

2. オーツ麦を 13 × 18 インチの天板に広げ、10 分間、または茶色に
なり始めるまで焼きます。オーブンから取り出し、オーツ麦を大きなミキシ
ングボウルに入れます。

3. デーツとオレンジジュースを小さな鍋に入れ、中弱火で約 15 分間煮
ます。混合物をブレンダーに注ぎ、滑らかでクリーミーになるまで処理しま
す。

4. デーツの混合物をオーツ麦の入ったボウルに加え、ピーカンナッツ、ドラ
イチェリー、シナモン、オールスパイス、塩を加えます。よく混ぜます。

5. 混合物をテフロン加工の 8 × 8 インチの天板に押し込み、20 分
間、または表面が軽く黄金色になるまで焼きます。バーにスライスする
前に冷ましてください。

ホットシリアル

15.基本のオートミール

2 人分

ロールドオーツ 1 カップ

植物性ミルクまたは水 2 カップ

塩味をお好みで

オーツ麦、植物性ミルク、塩を小さな鍋に加え、沸騰させます。熱を中程度に下げ、約 5 分間、またはオーツ麦がクリーミーになるまで調理します。

16. じっくり調理したスチールカットオーツ

2 人分

スチールカットオーツ　1 カップ

刻んだ乾燥リンゴ　2 カップ

種を取り、みじん切りにしたデーツ　1 カップ

シナモンスティック　1 本

オーツ麦、乾燥リンゴ、ナツメヤシ、シナモンスティック、水　4 カップを 2 クォートまたは 4 クォートのスロークッカーに入れます。8 時間、またはオーツ麦が柔らかくなるまで調理します。食べる前にシナモンスティックを取り外してください。

17. スイートポテトパイ オートミール

2 人分

皮をむき、さいの目に切った大きめのサツマイモ 1 個

ロールドオーツ 1 カップ

無糖アーモンドミルク 1 カップ

ナツメヤシ糖蜜 1/2 カップ

挽いたシナモン 小さじ 1/2

すりおろし生姜 小さじ 1/2

オレンジの皮 小さじ 1/4

オールスパイス 小さじ 1/4

塩をひとつまみ

サツマイモを柔らかくなるまで約 10 分間蒸すか茹でます。水を切ってマッシュし、オーツ麦、アーモンドミルク、糖蜜、シナモン、生姜、オレンジの皮、オールスパイス、塩と一緒に小さな鍋に加えます。オーツ麦が柔らかくなるまで、混合物を中火で約 10〜12 分間調理します。

18.朝食のキヌアとリンゴのコンポート添え

4 人分

キヌアの場合:

キヌア 1と1/2 カップ（洗って水気を切る）

シナモンスティック 1 本

塩味をお好みで

アップルコンポートの場合：

ナツメヤシ糖蜜 1/2 カップ

種を取り、みじん切りにしたデーツ 1 カップ

グラニースミスリンゴ 4 個（皮をむき、芯を取り、角切りにする）

粉末シナモン 小さじ 1

ナツメグをつまむ

レモンの皮と果汁 1 個分

キヌアを作るには:

1. 3 カップの水を強火で沸騰させます。キヌア、シナモンスティック、塩を加えます。鍋に蓋をし、混合物を再度沸騰させ、火を中火に下げ、20 分間、またはキヌアが柔らかくなるまで煮ます。食べる前にシナモンスティックを取り外してください。

リンゴのコンポートを作るには:

2. 糖蜜を小さな鍋に入れ、中火にかけて沸騰させます。ナツメヤシ、リンゴ、シナモン、ナツメグ、レモンの皮と果汁を加え、15 分間、またはリンゴが柔らかくなり崩れ始めるまで煮ます。

3. 召し上がる際は、キヌアを個々のボウルに分け、リンゴのコンポートをトッピングします。

19. デーツとスパイスのお粥

4 人分

炊いた玄米 4 カップ

種を取り、みじん切りにしたデーツ 1/2 カップ

刻んだ未硫化アプリコット 1/2 カップ (亜硫酸塩と二酸化硫黄について詳しくはこちらをご覧ください)

大きめのシナモンスティック 1 本

クローブ粉末 小さじ 1/4

塩味をお好みで

大きな鍋に水 2 カップを入れて中火にかけて沸騰させます。米、ナツメヤシ、アプリコット、シナモンスティック、クローブを加えます。中弱火で 15 分間、または混合物が濃くなるまで煮ます。塩で味付けします。食べる前にシナモンスティックを取り外してください。

20. 玄米朝食プディング

4 人分

玄米 3 カップ

無糖アーモンドミルク 2 カップ

シナモンスティック 1 本

クローブ粉末 小さじ 1/8〜1/4（適量）

種を取り、みじん切りにしたデーツ 1 カップ

タルトリンゴ（グラニースミスなど） 1 個、芯を取り、みじん切りにする

レーズン 1/4 カップ

塩味をお好みで

スライスしたアーモンド、トースト 1/4 カップ

米、アーモンドミルク、シナモンスティック、クローブ、ナツメヤシを中型の鍋に入れ、中弱火で 12 分間、または混合物が濃くなるまで煮ます。リンゴ、レーズン、塩を加えます。食べる前にシナモンスティックを取り外し、トーストしたアーモンドを添えてお召し上がりください。

21. ポレンタ ドライフルーツのコンポート添え

4 人分

基本のポレンタ 1 バッチ（保温）

乾燥させていない未硫化アプリコット 1 カップ（亜硫酸塩と二酸化硫黄について詳しくはこちらをご覧ください）

乾燥リンゴのかけらまたは半分 1 カップ

ゴールデンレーズン 1 カップ

玄米シロップ 1/2 カップ

レモンの皮 1 片

シナモンスティック 1 本

クローブ粉末 小さじ 1/8

1. アプリコット、リンゴ、レーズン、玄米シロップ、レモンの皮、シナモンスティック、クローブを中型の鍋に入れて混ぜます。果物を覆うのに十分な水を加えます。中火にかけて沸騰させ、火を弱め、果物が柔らかくなるまで 15〜20 分間煮ます。お召し上がりになる前に、レモンの皮とシナモンスティックを取り除きます。

2. 召し上がる際に、ポレンタを 4 つのボウルに分けます。コンポートをスプーンで上に乗せます。

22.洋梨とクランベリーのポレンタ

4 人分

基本のポレンタ 1 バッチ（保温）

玄米シロップ 1/2 カップ

梨 2 個（皮をむき、芯を取り、さいの目切り）

新鮮または乾燥クランベリー 1 カップ

粉末シナモン 小さじ 1

1. 玄米シロップを中鍋に入れて加熱します。梨、クランベリー、シナモンを加え、時々かき混ぜながら、梨が柔らかくなるまで約 10 分間煮ます。

2. 召し上がる際は、ポレンタを 4 つのボウルに分け、その上に洋梨のコンポートを乗せます。

23. フルーツ大麦

2 人分

オレンジジュース　1〜1 と 1/2 カップ

パール大麦　1 カップ

スグリ　大さじ 2

乾燥させた未硫化アプリコット　3 〜 4 個、みじん切り（亜硫酸塩と二酸化硫黄について詳しくはこちらをご覧ください）

小さなシナモンスティック　1 本

クローブ粉末　小さじ 1/8

塩をひとつまみ、またはお好みで

中くらいの鍋に水 1 カップとオレンジジュース 1 カップを入れて中火にかけて沸騰させます。大麦、カラント、アプリコット、シナモンスティック、クローブ、塩を加えます。混合物を沸騰させ、蓋をし、火を中弱火に下げ、45 分間調理します。45 分経っても大麦が柔らかくならない場合は、さらに最大 1/2 カップのオレンジジュースを加え、さらに 10 分間調理します。食べる前にシナモンスティックを取り外してください。

24. スペルトベリーのホットブレックファストシリアル

2 人分

スペルトベリー　1 カップ

塩　小さじ 1/4

シナモンパウダー　小さじ 1/8

クローブ粉末　小さじ 1/8

無糖アーモンドミルク　2 カップ

種を取り、みじん切りにしたデーツ　3/4 カップ

オレンジの皮　小さじ 1/4

1. 中型の鍋に 2 1/2 カップの水を沸騰させます。スペルト小麦、塩、シナモン、クローブを加えます。鍋に蓋をし、混合物を沸騰させます。火を中弱火に下げ、45〜50 分間、またはスペルト小麦が柔らかくなるまで調理します。余分な水を排出します。

2. アーモンドミルク、デーツ、オレンジの皮を調理済みのスペルトベリーに加え、中弱火で 10〜12 分間、または中まで加熱されてクリーミーになるまで煮ます。

ボリュームたっぷりの朝食

25. アッキー ブレックファスト スクランブル

6 人分

中型の赤玉ねぎ 1 個、皮をむき、1/2 インチのさいの目に切る

中型の赤ピーマン 1 個（種を取り、1/2 インチのサイコロ状に切る）

中型のピーマン 1 個、種を取り、1/2 インチのサイコロ状に切る

スライスしたキノコ 2 カップ（約 8 オンス丸ごとのキノコから）

大きな頭のカリフラワー 1 個（小花に切る）、または 19 オンスのジャマイカ アキー缶 2 個（水気を切り、軽くすすいでください）

塩味をお好みで

挽きたての黒コショウ 小さじ 1/2

ターメリック 小さじ 1 と 1/2

カイエンペッパー 小さじ 1/4、またはお好みで

皮をむいてみじん切りにしたニンニク 3 片

減塩醤油 大さじ 1〜2

ニュートリショナルイースト 1/4 カップ（オプション）

玉ねぎ、赤ピーマン、ピーマン、ピーマン、キノコを中型のフライパンまたは鍋に入れ、中強火で 7〜8 分間、または玉ねぎが半透明になるまで炒めます。野菜が鍋にくっつかないように、水を大さじ 1〜2 ずつ加えます。カリフラワーを加え、5〜6 分間、または小花が柔らかくなるまで調理します。塩、黒コショウ、ターメリック、カイエンペッパー、ニンニク、醤油、栄養イースト（使用する場合）を鍋に加え、さらに 5 分間、または熱く香りが立つまで煮ます。

26. 朝食ランチェロス

6 人分

1 バッチの朝食スクランブル

中型の黄玉ねぎ 1 個（皮をむき、小さく角切りにする）

皮をむき、みじん切りにしたニンニク 4 片

ハラペーニョ唐辛子 1 個（みじん切り）（辛さを軽減するため、種を取り除きます）

刻んだオレガノ 大さじ 1

大きめのトマト 2 個（角切り）

塩味をお好みで

コーントルティーヤ 6 枚

コリアンダーのみじん切り

1. 玉ねぎを中型のフライパンまたは鍋に入れ、10 分間、または玉ねぎが柔らかくなり、茶色になり始めるまで炒めます。玉ねぎが鍋にくっつかないように、水を大さじ 1～2 ずつ加えます。ニンニク、ハラペーニョ、オレガノを加え、さらに 2 分間煮ます。トマトを加え、崩れ始めるまで約 10 分間煮ます。塩で味付けします。

2. ソースが調理されている間に、乾燥したテフロン加工のフライパンでトルティーヤを 1 つずつ中火にかけ、頻繁に返しながら数分間加熱します。加熱したトルティーヤをキッチンタオルで包み、保温します。

3. 温かいトルティーヤをお皿に置き、その上にスプーンでソースを少しかけてお召し上がりください。朝食スクランブルをトッピングし、コリアンダーを飾ります。

27. ポートベロー フィレンツェ

4 人分

ポートベローマッシュルームのグリル 1 バッチ

カリフラワーの小花 2 カップ（中くらいの頭の半分）

ベジタブルストックまたは低ナトリウム野菜スープ 1/4 カップ

新鮮なレモン汁 大さじ 2

カイエンペッパー 小さじ 1/8

新鮮なほうれん草 1 ポンド

塩と挽きたての黒コショウで味を調えます

1. カリフラワー、野菜ストック、レモン汁、カイエンペッパーを中鍋に入れ、強火で沸騰させます。火を中火に下げ、カリフラワーが柔らかくなるまで約 8〜10 分間調理します。浸漬ブレンダーを使用して混合物をピューレにするか、密閉蓋付きのブレンダーに移し、タオルで覆い、クリーミーになるまでピューレにし、カリフラワーのオランデーズを鍋に戻して保温します。

2. ほうれん草を大きな鍋に 1/4 カップの水と一緒に加えます。蓋をして、ほうれん草がしおれるまで中弱火で煮ます。水を切り、塩とコショウで味付けします。

3. 召し上がる際は、グリルしたポートベロー マッシュルームを 4 つの皿にそれぞれ置き、ほうれん草をマッシュルームの間に分けます。ソースをほうれん草の上にスプーンでかけて、熱いうちにお召し上がりください。

28. フルメダメス

4 人分

1.5 ポンドの乾燥そら豆、8〜10 時間浸漬

中型の黄玉ねぎ 1 個（皮をむき、小さく角切りにする）

皮をむき、みじん切りにしたニンニク 4 片

粉末クミン 小さじ 1

レモンの皮と果汁 1 個分

塩味をお好みで

レモン 1 個（4 等分）

1. 豆を洗って水を切り、大きな鍋に加えます。豆の高さが 4 インチになるくらいの水を注ぎ、強火で沸騰させます。火を中火に下げ、蓋をし、豆が柔らかくなるまで約 1 時間半〜2 時間煮ます。

2. 豆が調理されている間に、玉ねぎを中型のフライパンまたは鍋に入れ、中火で 8〜10 分間、または玉ねぎが柔らかくなり、茶色になり始めるまで炒めます。ニンニク、クミン、レモンの皮と果汁を加え、さらに 5 分間煮ます。豆が完全に調理されるまで置いておきます。

3. 豆の調理が完了したら、鍋から 1/2 カップを除いてすべての液体を排出し、玉ねぎ混合物を豆に加えます。よく混ぜて塩で味を調えます。レモンの四分の一を添えてお召し上がりください。

サラダとサイドメニュー

29. もやしインゲン

材料:

- 芽キャベツ 600g を 4 等分して切ります。
- 緑豆 600g。
- オリーブオイル 大さじ 1。
- レモンの皮と果汁 1 個。
- ローストした松の実 大さじ 4。

方向:

a) 数秒炒めたら野菜を加え、もやしが少し色づくまで 3〜4 分炒めます。

b) レモン汁を絞って塩、コショウを加えて味を調えます。

30. キノコピラフ

2 になります

材料

- 麻の実　1 カップ
- ココナッツオイル　大さじ 2
- 小さめの角切りにした中型のキノコ　3 個
- スライスアーモンド　1/4 カップ
- 野菜スープ　1/2 カップ
- ガーリックパウダー　小さじ 1/2
- 乾燥パセリ　小さじ 1/4
- 塩とコショウの味

方向

a)　鍋にココナッツオイルを中火で熱し、沸騰させます。泡立ち始めたら、スライスしたアーモンドとマッシュルームを鍋に加えます。

b)　キノコが柔らかくなったら、麻の実を鍋に加えます。すべてをよく混ぜ合わせます。

c)　だし汁と調味料を加えます。

d)　火を中弱火に下げ、スープを浸して煮ます。

31. ビーガンコールスロー

材料

- サボイキャベツ 1/4 玉
- ビーガンマヨネーズ 1/3 カップ
- レモン汁 大さじ 1
- ディジョンマスタード 小さじ 1
- ガーリックパウダー 小さじ 1/4
- オニオンパウダー 小さじ 1/4
- コショウ 小さじ 1/4
- パプリカ 小さじ 1/8
- 塩をひとつまみ

方向

a) サボイキャベツを縦に切り、各束がキャベツからきれいに外れるようにします。

b) キャベツを他のすべての材料とミキシングボウルで混ぜ合わせます。投げ回してください。

32. 野菜メドレー

材料

- オリーブオイル　大さじ 6
- ベビーベラマッシュルーム　240g
- ブロッコリー　115g
- ピーマン　90g
- ほうれん草　90g
- かぼちゃの種　大さじ 2
- みじん切りニンニク　小さじ 2
- 塩　小さじ 1
- コショウ　小さじ 1
- レッドペッパーフレーク　小さじ 1/2

方向

a)　中華鍋にオリーブオイルを入れて強火で加熱します。ニンニクを加えて 1 分間調理します。

b)　ニンニクが茶色になり始めたら、キノコを加えて混ぜ合わせます。

c)　キノコが油の大部分を吸収したら、ブロッコリーとピーマンを加え、すべてをよく混ぜます。

d)　調味料をすべて入れ、かぼちゃの種を入れます。

e)　野菜が完成したら、ほうれん草をトッピングし、蒸気でしおれます。

f)　すべてを混ぜ合わせ、ほうれん草がしおれたらお召し上がりください。

33.　ローストピーカンインゲン

4 つになります

材料

- インゲン 1 ポンド
- オリーブオイル 1/4 カップ
- 刻んだピーカンナッツ 1/2 カップ
- レモンの皮 1 個
- みじん切りニンニク 小さじ 2
- レッドペッパーフレーク 小さじ 1

方向

a) フードプロセッサーでピーカンナッツを粉砕します。

b) インゲンをオリーブオイル、レモンの皮、みじん切りのニンニク、赤唐辛子のフレークと和えます。

c) オーブンを 350°F に予熱し、生豆を 20〜25 分間ローストします。

d) 挽いたピーカンナッツを飾ります。

34. ケールの芽炒め

材料

- ケールスプラウト 1/2 袋
- 揚げ物用油
- 塩とコショウの味

方向

a) 深型フライヤーで油が熱くなるまで加熱します。

b) ケールのスプラウトをフライヤーバスケットに入れます。

c) 球根の端が茶色になり、葉が濃い緑色になるまでケールの芽を調理し続けます。

d) バスケットから取り出し、ペーパータオルの上で余分な脂を拭き取ります。

e) 塩、コショウを加えて味を調えてお召し上がりください！

35. グリル野菜

6 食分が作れます

材料

- ズッキーニ 中 2 個
- 8 オンスのマッシュルーム
- ピーマン 2 個
- アボカドオイル 大さじ 4
- 乾燥オレガノ 小さじ 1/2
- 乾燥バジル 小さじ 1/2
- ガーリックパウダー 小さじ 1/4
- 乾燥ローズマリー 小さじ 1/2

方向

a) 油と乾燥スパイスを混ぜ合わせます。塩とコショウをひとつまみ加えます。

b) 野菜をマリネと和え、BBQ を加熱している間 10 分以上放置します。

c) かなりの強火で野菜を BBQ します。野菜が柔らかくなるまで調理して、お召し上がりください。

36. ミックスグリーンサラダ

1 になります

材料
サラダ

- 2 オンス。混合グリーン
- ローストした松の実またはアーモンド 大さじ 3
- お好みのビネグレットソース 大さじ 2
- 削ったパルメザンチーズ 大さじ 2
- アボカド 1 個、種と皮を取り除き、スライスする
- 塩とコショウの味

方向

a)   お召し上がり方: 野菜を松の実とビネグレットソースと和えます。

b)   塩とコショウで味を調え、パルメザンチーズをかけて飾ります。

c)   楽しむ。

37. 豆腐とチンゲンサイのサラダ

3 つになります

材料
- 15 オンス 極木綿豆腐
- 9 オンス チンゲン菜

マリネ
- 醤油 大さじ 1
- ごま油 大さじ 1
- 水 大さじ 1
- みじん切りニンニク 小さじ 2
- レモン汁 1/2 個

ソース
- ねぎ 1 本
- コリアンダーみじん切り 大さじ 2
- ココナッツオイル 大さじ 3
- 醤油 大さじ 2
- シラチャー 大さじ 1
- ピーナッツバター 大さじ 1
- ライムジュース 1/2 個
- 液体ステビア 7 滴

方向

a) オーブンを華氏 350 度に予熱します。

b) マリネ液の材料（醤油、ごま油、水、にんにく、レモン）をすべてボウルに入れて混ぜます。

c) 豆腐を四角く切り、ビニール袋に入れてマリネ液と混ぜ合わせます。10 分以上マリネします。

d) 豆腐を取り出し、天板で 15 分ほど焼きます。

e) 混合皿でソースの材料をすべて混ぜ合わせます。

f) 豆腐をオーブンから取り出し、豆腐、チンゲンサイ、ソースをサラダボウルに入れて混ぜます。

38.　ビーガンキュウリのサラダ

1 になります

材料
- キュウリ　大　3/4 本
- しらたき　1 袋
- ココナッツオイル　大さじ 2
- ネギ中 1 個
- レッドペッパーフレーク　小さじ 1/4
- ごま油　大さじ 1
- ごま　小さじ 1
- 塩とコショウの味

方向
a)　鍋にココナッツオイル大さじ 2 を入れて中火にかけます。

b)　麺を加えて蓋をします。5〜7 分間、またはカリカリとした茶色になるまで調理します。

c)　しらたきを鍋から取り出し、ペーパータオルの上で水気を切ります。脇に置いておきましょう。

d)　キュウリを薄くスライスしてボウルに入れます。ネギ、赤唐辛子フレーク、ごま油、麺を混ぜます。

e)　塩、こしょうで味を調えます。

f)　ごまを飾り、お皿に盛り付けます。

39. テンペとサツマイモ

4 回分が作れます

材料

- 1 ポンドのテンペ
- 醤油 大さじ 2
- コリアンダー 小さじ 1
- ^{1}/ターメリック 小さじ 2
- オリーブオイル 大さじ 2
- みじん切りにした大きなエシャロット 3 個
- 中くらいのサツマイモ 1 個または 2 個、皮をむき、1/2 インチの サイコロ状に切ります。
- 新生姜のすりおろし 小さじ 2
- パイナップルジュース 1 カップ
- ライトブラウンシュガー 小さじ 2
- ライム果汁 1 個

方向

a) 沸騰したお湯の中鍋でテンペを 30 分間調理します。浅いボウルに移します。醤油大さじ 2、コリアンダー、ターメリックを加えて混ぜます。脇に置いておきましょう。

b) 大きめのフライパンに油大さじ 1 を中火で熱します。テンペを加え、両面に焼き色がつくまで片面約 4 分ずつ焼きます。フライパンから取り出して脇に置きます。

c) 同じフライパンに残りの油大さじ 2 を入れて中火で加熱します。エシャロットとサツマイモを加えます。蓋をして、少し柔らかくなり、軽く茶色になるまで約 10 分間調理します。

d)　生姜、パイナップル汁、残りの醤油大さじ 1、砂糖を加えて混ぜます。

e)　火を弱め、調理したテンペを加え、蓋をし、ジャガイモが柔らかくなるまで約 10 分間煮ます。テンペとサツマイモを皿に移し、温めておきます。

f)　ライム果汁をソースに加えてかき混ぜ、1 分間煮て風味をブレンドします。

g)　テンペの上にソースをかけて、すぐにお召し上がりください。

40. タイのキヌアサラダ

サラダ用：

- 調理済みキヌア 1/2 カップ 赤と白を組み合わせて使用しました。

- すりおろしたニンジン 大さじ 3。

- 赤唐辛子 大さじ 2、慎重にスライスします。

- キュウリ大さじ 3、細かくスライスします。

- 冷凍の場合は、解凍した枝豆 1/2 カップ。

- ネギ 2 本、細かく刻みます。

- 赤キャベツ 1/4 カップを細かくスライスします。

- コリアンダー大さじ 1、慎重に刻みます。

- ローストピーナッツ、みじん切り大さじ 2 （オプション）。

- 塩を味わうために。

タイピーナッツドレッシング：

- クリーミーな天然ピーナッツバター 大さじ 1。

- 減塩醤油小さじ 2。

- 米酢小さじ 1。

- ごま油小さじ 1/2。

- シラチャーソース 小さじ 1/2〜1 （お好みで）。

- ニンニク 1 片を丁寧にみじん切りにする。

- すりおろした生姜 小さじ 1/2。

- レモン汁小さじ 1。

- アガベ ネクター (または蜂蜜) 小さじ 1/2。

方向:

a) タイピーナッツドレッシングを作ります。

b) 小さなボウルにすべての材料を入れ、よく混ざるまで混ぜます。

c) サラダを作るには:

d) キヌアと野菜をミキシングボウルで混ぜます。ドレッシングを加えてよく混ぜ合わせます。

e) ローストしたピーナッツを上からスプレーして出来上がり！

おやつ

41.グリーンプロテインスナックポット

材料:

- 8 オンス。枝豆、冷凍です。
- 8 オンス。エンドウ豆、冷凍。
- ゴマ 大さじ 4。
- 醤油（減塩）大さじ 4。
- お好みでチリソースを添えてください。
- コリアンダー（オプション）。

方向:

a) 冷凍エンドウ豆と枝豆を電子レンジ対応のボウルに入れます。水を少し加えて電子レンジで 30 秒程度、室温になるまで解凍します。

b) 小さな容器、ポット、または容器に、エンドウ豆や豆と一緒に種を入れます。

c) 食べる前に醤油、唐辛子、コリアンダーをよく混ぜてください。楽しむ！

42. キヌアマフィン一口

材料:

- 準備したキヌア 1 1/2 カップ。
- 卵 2 個を泡立てます。
- サツマイモのピューレ 1/2 カップ。
- 黒豆 1/2 カップ。
- 刻んだコリアンダー 大さじ 1。
- クミン小さじ 1。
- パプリカ 小さじ 1。
- ガーリックパウダー小さじ 1/2。
- 塩小さじ 1/2。
- 黒胡椒小さじ 1/8。
- 調理用スプレー。

方向:

a) オーブンを 350°F に予熱します。すべての材料を大きなボウルに加え、すべてが統合されるまで混ぜます。

b) 大さじを使って混合物をマフィン型に注ぎ、それぞれの上部を軽くたたきます。火が通るまで焼き、約 15〜20 分間保持します。

43. ビーガンプロテインバー

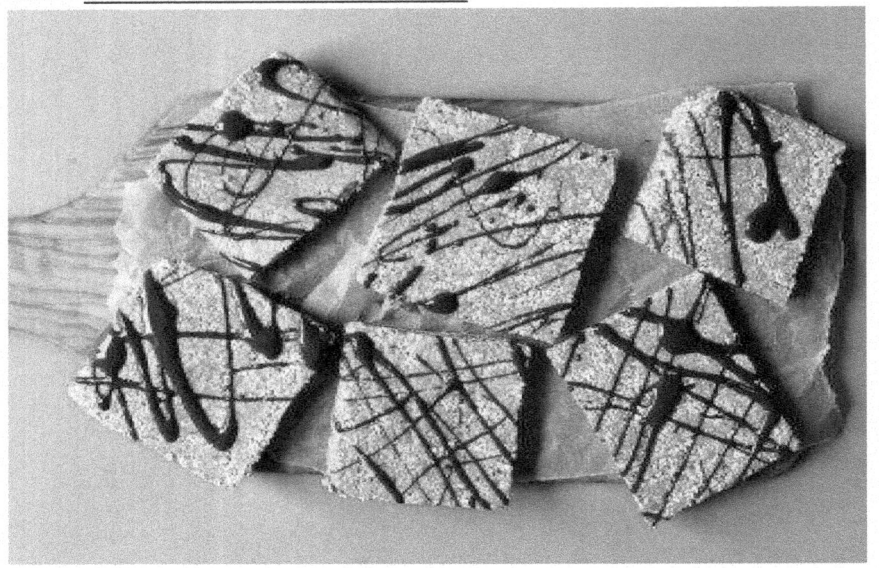

材料:

- アマランサス 1/3 カップ。
- バニラまたは風味のないビーガンプロテインパウダー 大さじ 3。
- メープルシロップ 大さじ 1 1/2〜2。
- （ナッツが苦手な場合）、ビロードのような塩漬けピーナッツまたはアーモンドバター（またはサンバター）1 カップ。
- 溶かしたダークヴィーガンチョコレート大さじ 2〜3。

方向:

a) ピーナッツバターまたはアーモンドバターとメープルシロップを中くらいのミキシングボウルに加え、かき混ぜます。プロテインパウダーを加えてかき混ぜます。

b) ゆるい「生地」の質感が得られるまで、弾いたアマランサスを少しずつ加えます。

c) 混合物をグラタン皿に移し、押し下げて均一な層を形成します。クッキングシートやラップを上に置き、液体計量カップなどの底が平らなものを使って、混合物を押し下げて均一でしっかりと詰まった層に置きます。

d) 冷凍庫に移し、10〜15 分間、または触れるまで冷やします。次に引き上げて 9 本のバーにスライスします。

e) 室温では少し柔らかくなりますので、冷蔵庫または冷凍庫で保管してください。

44. PBとJエナジーバイト

材料:

- ビロードのような塩漬けピーナッツバター 1/2 カップ。
- メープルシロップ 1/4 カップ。
- ビーガンプロテインパウダー 大さじ 2。
- グルテンフリーのロールドオーツ 1 1/4 カップ。
- 亜麻仁ミール 大さじ 2 1/2。
- チアシード 大さじ 2。
- ドライフルーツ 1/4 カップ。

方向:

a)　大きなミキシングボウルに、ピーナッツバター、メープルシロップ、プロテインパウダー、ロールドオーツ、亜麻仁ミール、チアシード、お好みでドライフルーツを入れます。乾燥しすぎたり、もろい場合は、ピーナッツバターまたはメープルシロップを追加してください。

b)　冷蔵庫で 5 分間冷やします。大さじ 1 1/2 杯をすくってボール状に丸めます。「生地」は約 13〜14 個のボールを生み出す必要があります。

c)　すぐにお召し上がりいただき、残ったものは密封して冷蔵庫で 1 週間、冷凍庫で約 1 か月間保存できます。

45. ローストニンジンフムス

材料:

- ひよこ豆 1 缶を洗って水気を切る。
- ニンジン 3 本。
- ニンニク 1 片。
- パプリカ 小さじ 1。
- タヒニ大さじ 1 杯。
- レモン汁 1 個分
- 追加のバージンオリーブオイル大さじ 2。
- 水大さじ 6。
- クミンパウダー小さじ 1/2。
- 味に塩を加えます。

方向:

a) オーブンを 400°F に予熱します。ニンジンを洗って皮をむき、小さく切り、オリーブオイルの小雨、塩ひとつまみ、パプリカ小さじ半分を添えてベーキングトレイに置きます。にんじんが柔らかくなるまで約 35 分間焼きます。

b) オーブンから取り出して冷まします。

c) 冷めている間にフムスを準備します。ひよこ豆を洗ってよく水気を切り、残りの有効成分とともにフードミルに入れ、よく混ざった混合物になるまで手順を進めます。次に、ニンジンとニンニクを加えて、もう一度手順を繰り返します。

46. <u>パフキヌアバー</u>

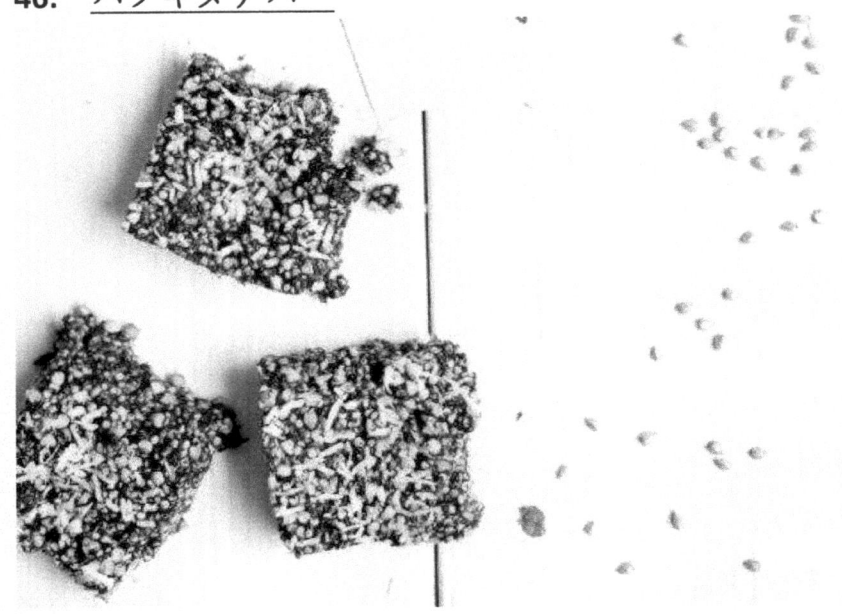

材料:

- ココナッツオイル　大さじ 3。
- 生のカカオパウダー　1/2 カップ。
- メープルシロップ　1/3 カップ。
- タヒニ　大さじ 1
- シナモン小さじ 1。
- バニラパウダー　小さじ 1。
- 海塩。

方向:

a) 小さな鍋に中弱火をかけ、ココナッツオイル、ローカカオ、タヒニ、シナモン、メープルシー、シロップ、バニラソルトを溶かし、濃厚なチョコレート混合物になります。

b) 砕いたキヌアにチョコレートソースをかけてよく混ぜます。大さじ一杯のチョコレートクリスピーを小さなベーキングカップに入れます。

c) 冷凍庫に少なくとも 20 分間入れて固めます。冷凍庫に保存してお召し上がりください！

47.　チョコレートチャンククッキー

材料:

- グルテンフリーの中力粉 2 カップ。
- 重曹小さじ 1。
- 海塩 小さじ 1。
- ビーガンヨーグルト 1/4 カップ。
- ビーガンバター 大さじ 7。
- カシューナッツバター 大さじ 3
- ココナッツシュガー 1 1/4 カップ。
- チアエッグ 2 個。
- ダークチョコレートバー

方向:

a) オーブンを 375°F に予熱します

b) 中くらいの大きさのミキシングボウルに、グルテンフリーの小麦粉、塩、重曹を入れて混ぜます。バターを溶かしている間、置いておきます。

c) バター、ヨーグルト、カシューナッツバター、ココナッツシュガーをボウルに入れ、ミキシングスタンドまたはハンドミキサーを使用して、均一になるまで数分間混ぜます。

d) チアエッグを加えてよく混ぜます。

e) チアエッグミックスに小麦粉を加え、溶けるまで低速で混ぜます。

f) チョコレートチャンクを入れます。

g) 生地を冷蔵庫に入れて 30 分ほど置きます。

h) 生地を冷蔵庫から取り出し、10 分ほど室温に戻し、クッキーシートにクッキングシートを敷きます。

i) 手で大さじ 1 1/2 サイズのクッキー生地をクッキングシート上にすくい上げます。各クッキーの間に少しスペースを残してください。

j) クッキーを 9〜11 分間焼きます。喜んでください！

48. 殻付き枝豆のディップ

材料:

- 赤玉ねぎのスライス 1/2 カップ。
- ライム 1 個分のジュース。
- 海塩。
- コリアンダー 一握り。
- 角切りトマト（オプション）。
- チリフレーク。

方向:

a) 玉ねぎをミキサーで数秒間パルスするだけです。次に、残りの有効成分を加え、枝豆が大きな部分にブレンドされるまでパルスします。

b) トーストに塗ったり、サンドイッチにしたり、ディップやペストソースとして楽しんでください。

49. 抹茶カシューナッツカップ

材料:

- カカオバター 2/3 カップ。
- カカオパウダー 3/4 カップ。
- メープルシロップ 1/3 カップ。
- カシューバター 1/2 カップ、またはお好みで。
- 抹茶パウダー小さじ 2。
- 海塩。

方向:

a) 小さな鍋に 1/3 カップの水を入れ、その上にボウルを置き、鍋を覆います。ボウルが温まったら、カカオバターをボウルの中で溶かします。溶けたら火から下ろし、メープルシロップとカカオパウダーを加えてチョコレートが濃くなるまで数分間かき混ぜます。

b) 中型のカップケーキホルダーを使用して、下の層に大さじ 1 杯のたっぷりのチョコレート混合物を入れます。

c) 15 分間冷凍して固めます。

d) 冷凍庫から冷凍チョコレートを取り出し、大さじ 1 杯分の抹茶/カシューバター生地を冷凍チョコレート層の上に垂らします。

e) 海塩をふりかけて冷凍庫で 15 分ほど寝かせます。

50. ひよこ豆のチョコスライス

材料:

- ひよこ豆 400g 缶を洗い、水を切ります。
- アーモンドバター250g。
- メープルシロップ 70ml。
- バニラペースト 15ml。
- 塩 1つまみ。
- ベーキングパウダー2g。
- 重曹 2g。
- ビーガンチョコレートチップ 40g。

方向:

a) オーブンを 180℃/350℉ に予熱します。

b) 大きな天板にココナッツオイルを塗ります。

c) ひよこ豆、アーモンドバター、メープルシロップ、バニラ、塩、ベーキングパウダー、重曹をフードブレンダーに入れて混ぜます。

d) 滑らかになるまでブレンドします。半分のチョコレートチップを混ぜ合わせ、準備しておいた天板に生地を広げます。

e) 取っておいたチョコチップをふりかけます。

f) 45〜50 分間、またはつまようじを差してもきれいになるまで焼きます。

g) ワイヤーラックの上で 20 分間冷まします。スライスしてお召し上がりください。

51. 甘い緑のクッキー

材料:

- グリーンピース　165g。
- 刻んだメジュールデーツ　80 g。
- 絹ごし豆腐　60g を潰す。
- アーモンド粉 100g。
- ベーキングパウダー小さじ 1。
- アーモンド 12 個。

方向:

a) オーブンを 180°C/350°F に予熱します。

b) エンドウ豆とナツメヤシをフードプロセッサーで混ぜます。

c) 濃厚なペーストが形成されるまで処理します。

d) エンドウ豆の混合物をボウルに移します。豆腐、アーモンドプードル、ベーキングパウダーを加えて混ぜます。混合物を 12 個のボールに成形します。

e) クッキングシートを敷いたベーキングシートの上にボールを並べます。油を塗った手のひらで各ボールを平らにします。

f) 各クッキーにアーモンドを 1 個ずつ入れます。クッキーを 25〜30 分間、または軽く黄金色になるまで焼きます。

g) お召し上がりになる前にワイヤーラックの上で冷ましてください。

52. バナナバー

材料:

- 滑らかなピーナッツバター130g。
- メープルシロップ 60ml。
- バナナ 1 本、潰す。
- 水 45ml。
- 亜麻仁を粉砕して 15g。
- 調理済みキヌア 95 g。
- チアシード 25g。
- バニラ 5ml。
- クイッククッキングオーツ 90g。
- 全粒粉 55g。
- ベーキングパウダー5g。
- シナモン 5g。
- 塩 1 つまみ。

トッピング：

- 溶かしたココナッツオイル 5ml。
- ビーガンチョコレート 30g（みじん切り）。

方向:

a) オーブンを 180°C/350°F に予熱します。

b) 16cm グラタン皿にクッキングシートを敷きます。

c) 小さなボウルに亜麻仁と水を入れて混ぜます。10 分間放置します。

d) 別のボウルにピーナッツバター、メープルシロップ、バナナを入れて混ぜます。亜麻仁混合物を加えます。

e) 滑らかな混合物になったら、キヌア、チアシード、バニラエキス、オーツ麦、全粒粉、ベーキングパウダー、シナモン、塩を加えて混ぜます。

f) 準備しておいたグラタン皿に生地を注ぎます。8 本の棒状に切ります
。

g) バーを 30 分間焼きます。

h) その間にトッピングを作ります。耐熱ボウルにチョコレートとココナッツオ
イルを入れて混ぜます。溶けるまで沸騰したお湯の上に置きます。

i) バーをオーブンから取り出します。ワイヤーラックの上に 15 分間置き、
冷まします。グラタン皿からバーを取り出し、チョコレートのトッピングを振
りかけます。仕える。

53. プロテインドーナツ

材料:

- ココナッツ粉　85g。
- バニラ風味の発芽玄米プロテインパウダー110g。
- アーモンド粉　25g。
- メープルシュガー　50g。
- 溶かしたココナッツオイル　30ml。
- ベーキングパウダー8g。
- 豆乳 115ml。
- リンゴ酢小さじ 1/2。
- バニラペースト小さじ 1/2。
- シナモン小さじ 1/2。
- オーガニックアップルソース　30ml。
- 粉ココナッツシュガー　30g。
- シナモン 10g。

方向:

a) ボウルにすべての乾燥材料を入れて混ぜ合わせます。

b) 別のボウルに牛乳とアップルソース、ココナッツオイル、リンゴ酢を入れて混ぜます。

c) 湿った材料を折りたたんで乾燥させ、完全に混ざるまでかき混ぜます。

d) オーブンを 180°C/350°F に加熱し、10 穴ドーナツパンにグリースを塗ります。

e) 準備した生地を油を塗ったドーナツ型にスプーンで入れます。

f) ドーナツを 15〜20 分間焼きます。

g) ドーナツがまだ温かいうちに、ココナッツシュガーとシナモンを振りかけます。温かいうちにお召し上がりください。

54. クッキーアーモンドボール

材料:

- アーモンドミール 100g。
- バニラ風味のライスプロテインパウダー60g。
- アーモンドバターまたはナッツバター 80 g。
- ステビアを 10 滴。
- ココナッツオイル 15ml。
- ココナッツクリーム 15g。
- ビーガンチョコレートチップ 40g。

方向:

a) 大きなボウルにアーモンドミールとプロテインパウダーを入れて混ぜます。

b) アーモンドバター、ステビア、ココナッツオイル、ココナッツクリームを混ぜます。

c) 混合物がもろすぎる場合は、水を加えてください。刻んだチョコレートを加えて混ぜ合わせます。

d) 混合物を 16 個のボールに成形します。

e) さらにボールをアーモンド粉に丸めることもできます。

55. はちみつ胡麻豆腐

材料:

- 12 オンスの超木綿豆腐を水切りし、軽く叩いて水気を切ります。
- 油やクッキングスプレー。
- 減塩醤油またはたまり 大さじ 2。
- ニンニク 3 片（みじん切り）。
- 蜂蜜大さじ 1。
- 皮をむいた新生姜のすりおろし 大さじ 1。
- 煎りごま油 小さじ 1。
- 1 ポンドのインゲンを切り落とします。
- オリーブオイル大さじ 2。
- 赤唐辛子フレーク 小さじ 1/4（オプション）。
- コーシャーソルト。
- 挽きたての黒胡椒。
- 中ネギ 1 本、非常に細かくスライスします。
- ごま小さじ 1/4。

方向:

a) 10〜30 分間放置します。大きなボウルに醤油またはたまり、にんにく、はちみつ、生姜、ごま油を入れてよく混ぜます。脇に置きます。

b) 豆腐を三角形に切り、用意しておいた天板の半分に重ねて置きます。醤油混合物を少しずつ注ぎます。底がきつね色になるまで 12〜13 分焼きます。

c) 豆腐をひっくり返す。インゲンをベーキングシートのもう半分の上に一層に置きます。オリーブオイルを注ぎ、赤唐辛子のフレークをスプレーします。塩とコショウで味付けします。

d) オーブンに戻し、豆腐の裏面がきつね色になるまで、さらに 10〜12 分焼きます。ネギとゴマを散らして、すぐにお召し上がりください。

56. ピーナッツバターファットボム

材料

- ココナッツオイル 1/2 カップ
- ココアパウダー 1/4 カップ
- ピーナッツバターパウダー 大さじ 2
- 殻をむいた麻の実 大さじ 2
- ビーガンヘビークリーム 大さじ 2
- バニラエキス 小さじ 1
- 液体ステビア 28 滴
- 無糖の細切りココナッツ 1/4 カップ

方向

a) すべての乾燥材料をココナッツオイルとミキシングボウルで混ぜ合わせます。

b) 生クリーム、バニラエッセンス、液体ステビアを加えて混ぜます。

c) 皿の上に、無糖の砕いたココナッツを計量します。

d) 手でボールを丸め、無糖の刻んだココナッツの中で丸めます。

e) クッキングシートを敷いた天板に置きます。冷凍庫で 15 分ほど寝かせます。

57. メープルピーカンファットボムバー

12 個になります

材料

- ピーカンナッツの半分 2 カップ
- アーモンド粉 1 カップ
- ゴールデンフラックスシードミール 1/2 カップ
- 無糖の細切りココナッツ 1/2 カップ
- ココナッツオイル 1/2 カップ
- メープルシロップ 1/4 カップ
- 液体ステビア 小さじ 1/4

方向

a) オーブンを 350°F に予熱し、ペリカンの半分を 5 分間焼きます。

b) ピーカンナッツをオーブンから取り出し、ビニール袋に入れます。麺棒で砕いて塊を作ります。

c) ミキシングボウルに、乾燥した材料（アーモンド粉、ゴールデンフラックスシードミール、細切りココナッツ、砕いたピーカンナッツ）を混ぜ合わせます。

d) ココナッツオイルメープルシロップと液体ステビアを加えます。もろい生地が形成されるまで、大きなミキシングボウルですべての材料を混ぜ合わせます。

e) 生地をキャセロール皿に入れ、押し込みます。

f) 350F で 15 分間、または側面が軽く茶色になるまで焼きます。

g) スパチュラを使って 12 等分に切り、お召し上がりください。

58. カリフラワーの前菜

8 になります

材料

- 14 オンス　カリフラワーの小花、みじん切り
- 春玉ねぎ　中茎　3 本
- 3 オンス　細切りホワイトチェダー
- アーモンド粉　1/2 カップ
- 塩　小さじ 1/2
- コショウ　小さじ 3/4
- レッドペッパーフレーク　小さじ 1/2
- 乾燥タラゴン　小さじ 1/2
- ガーリックパウダー　小さじ 1/4
- オリーブオイル　大さじ 3
- チアシード　小さじ 2

方向

a)   オーブンを華氏 400 度に予熱します。

b)   ビニール袋にカリフラワーの小花、オリーブオイル、塩、コショウを入れて混ぜます。カリフラワーが均一にコーティングされるまで激しく振ります。

c)   ホイルを敷いた天板にカリフラワーの小花を注ぎます。その後 5 分ほど焼きます。

d)   ローストしたカリフラワーをフードプロセッサーに加え、数回パルスして砕きます。

e)   ミキシングボウルで、すべての材料（アーモンド粉）を粘りのある混合物が形成されるまで混ぜ合わせます。

f)   カリフラワーの混合物からパテを作り、アーモンド粉でコーティングします。

g)   400°F で 15 分間、または外側がカリカリになるまで焼きます。

h)   オーブンから取り出し、少し冷ましてからお召し上がりください。

59. セイタン ピザ カップ

2 になります

材料

- 1 オンス。全脂肪クリームチーズ
- 全乳モッツァレラチーズ 1 1/2 カップ
- 大きめの卵 1 個（溶きほぐす）
- アーモンド粉 1 カップ
- ココナッツ粉 大さじ 2
- ピザソース 1/3 カップ
- シュレッドチェダーチーズ 1/3 カップ
- セイタン 1/2 パッケージまたは約 4 オンス、角切り

方向

a) オーブンを 400°F に予熱します。

b) クリームチーズとモッツァレラチーズを電子レンジ対応の大きなボウルに入れ、電子レンジで 1 分間加熱し、数回かき混ぜます。

c) 溶き卵と両方の小麦粉を加え、ボールが形成されるまで手早くかき混ぜます。軽く粘りが出るまで手でこねます。

d) 生地を 8 等分に分けます。油を塗った 2 枚のクッキングシートの間に生地を置き、めん棒で伸ばします。

e) 生地の各部分を油を塗ったマフィン型に押し込み、小さな生地カップを形成します。

f) 15 分間、またはきつね色になるまで焼きます。

g) オーブンから取り出し、ピザソース、チェダーチーズ、セイタンをそれぞれ振りかけます。チーズが溶けるまで 5 分間オーブンに戻します。

h) マフィン型から取り出してお召し上がりください。

60.　セイタンのグリルと野菜のケバブ

4 回分が作れます

材料

- バルサミコ酢 1/3 カップ
- オリーブオイル 大さじ 2
- 新鮮なオレガノ 大さじ 1
- ニンニク 2 片（みじん切り）
- 塩 小さじ 1/2
- 挽きたての黒コショウ 小さじ 1/4
- 1 ポンドのセイタンを 1 インチの立方体に切る
- 7 オンスの小さな白いキノコ
- 小さなズッキーニ 2 個、1 インチの塊に切る
- 中くらいの黄色のピーマン 1 個、正方形に切る
- 熟したチェリートマト

方向

a) グリルを準備します。

b) 酢、油、オレガノ、タイム、ニンニク、塩、黒コショウを中程度のミキシングボウルに入れて混ぜます。ひっくり返してセイタン、マッシュルーム、ズッキーニ、ピーマン、トマトを塗ります。

c) 時々ひっくり返しながら、室温で 30 分間マリネします。

d) セイタンと野菜、マリネの水を切り、脇に置きます。

e) セイタン、マッシュルーム、トマトを串に刺します。

f) 熱したグリルに串を置き、途中で一度ひっくり返しながら約 10 分間焼きます。

g) 取っておいたマリネを少量かけて上からかけて、すぐにお召し上がりください。

61. <u>キヌアマフィン一口</u>

4 つになります

材料:

- 準備済みキヌア 1 1/2 カップ
- 卵 2 個（泡立てた）
- サツマイモのピューレ 1/2 カップ
- 黒豆 1/2 カップ
- 刻んだコリアンダー 大さじ 1
- クミン 小さじ 1
- パプリカ 小さじ 1
- ガーリックパウダー 小さじ 1/2
- 塩 小さじ 1/2
- 黒コショウ 小さじ 1/8
- クッキングスプレー

方向:

a) オーブンを華氏 350 度に予熱します。

b) 大きなミキシングボウルにすべての材料を入れ、よく混ざるまでかき混ぜます。

c) 大さじを使って混合物をマフィン型に入れ、それぞれの型の上部を軽くたたきます。

d) 15〜20 分間、または火が通って固まるまで焼きます。

62. PB と J エナジーバイト

13〜14 個のボールを作ります

材料:

- ベルベットのような有塩ピーナッツバター　1/2 カップ
- メープルシロップ　1/4 カップ
- ビーガンプロテインパウダー　大さじ 2
- グルテンフリーのロールドオーツ　1 1/4 カップ
- 亜麻仁ミール　大さじ 2 1/2
- チアシード　大さじ 2
- ドライフルーツ　1/4 カップ

方向:

a)　　ピーナッツバター、メープルシロップ、プロテインパウダー、ロールドオーツ、亜麻仁ミール、チアシード、お好みのドライフルーツを大きなミキシング皿に入れて混ぜます。

b)　　混合物が乾燥しすぎたり、もろくなったりする場合は、ピーナッツバターまたはメープルシロップを追加してください。

c)　　冷蔵庫で 5 分間冷やします。大さじ 1 1/2 をすくい、ボールに丸めます。「生地」は約 13〜14 個のボールを作ります。

d)　　すぐにお召し上がりいただけます。残り物は密閉容器に入れて冷蔵庫で 1 週間、冷凍庫で 1 か月間保存できます。

63. ローストニンジンフムス

2 になります

材料:

- ひよこ豆 1 缶（洗って水気を切る）
- にんじん 3 本
- ニンニク 1 片
- パプリカ 小さじ 1
- タヒニ 大さじ 1 杯
- レモン汁 1 個分
- 追加のバージンオリーブオイル 大さじ 2
- 水 大さじ 6
- クミンパウダー 小さじ 1/2
- 塩味をお好みで

方向:

a) オーブンを華氏 400 度に予熱します。

b) にんじんを洗って皮をむき、細かく刻み、オリーブオイル、塩少々、パプリカ小さじ半分を入れたグラタン皿に置きます。

c) 35 分間、またはニンジンが柔らかくなるまで焼きます。

d) オーブンから取り出し、脇に置いて冷まします。

e) 冷めている間にフムスを準備します。ひよこ豆をよく洗って水気を切ってから、残りの有効成分と一緒にフードミルに入れます。よく混ざった混合物が得られるまで処理します。

f) その後、にんじんとにんにくを加えて同じ手順を繰り返します。

64. 抹茶カシューナッツカップ

材料:

- 溶かしたカカオバター　2/3　カップ
- カカオパウダー　3/4 カップ
- メープルシロップ　1/3 カップ
- カシューナッツバター　1/2 カップ
- 抹茶パウダー　小さじ 2
- 海塩

方向:

a)　ボウルにカカオバターを入れて溶かし、メープルシロップとカカオパウダーを加えて混ぜます。

b)　中型のカップケーキホルダーに、大さじ一杯分のチョコレート混合物を下の層に入れます。

c)　カップケーキホルダーを冷凍庫に 15 分間入れて固めます。

d)　冷凍庫から凍ったチョコレート層を取り出し、その上に抹茶/カシューバター生地をスプーン 1 杯ほど注ぎます。

e)　これが完了したらすぐに、残りの溶かしたチョコレートを各滴に注ぎ、全体を覆います。

f)　海塩をふりかけます。

g)　冷凍庫に 15 分間入れます。

65. はちみつ胡麻豆腐

12 個になります

材料:

- 12 オンスの木綿豆腐、水を切り、軽く叩いて水気を切る
- 油またはクッキングスプレー
- 減塩醤油　大さじ 2
- ニンニク　3 片（みじん切り）
- はちみつ　大さじ 1
- 皮をむいた新生姜のすりおろし　大さじ 1
- 煎りごま油　小さじ 1
- インゲン　1 ポンド（切り取ったもの）
- オリーブオイル　大さじ 2
- 赤唐辛子フレーク　小さじ 1/4（お好みで）
- コーシャーソルト
- 挽きたての黒胡椒
- 中ネギ　1 本（非常に細かくスライス）
- ごま　小さじ 1/4

方向:

a)　大きなミキシングボウルに、醤油、にんにく、はちみつ、生姜、ごま油を入れて混ぜます。脇に置く。

b)　豆腐を三角に切り、用意しておいた天板の片面に一層並べます。

c)　醤油混合物を上から注ぎます。

d)　12〜13 分間、または底がきつね色になるまで焼きます。

e)　豆腐を動かします。

f)　天板のもう半分にインゲンを一層に並べます。オリーブオイルを回しかけ、赤唐辛子のフレークを散らした後、塩、コショウで味付けします。

g)　オーブンに戻し、さらに 10〜12 分間、または豆腐の裏面がきつね色になるまで焼きます。

h)　ネギとゴマをふりかけてすぐにお召し上がりください。

メインコース

66. しいたけとチーズのバーガーキャセロール

6 回分

材料

- 1 ポンド グランドセイタン
- 4 オンス。椎茸（スライス）
- アーモンド粉 1/2 カップ
- 刻んだカリフラワー 3 カップ
- チアシード 大さじ 1
- ガーリックパウダー 小さじ 1/2
- オニオンパウダー 小さじ 1/2
- 還元砂糖 大さじ 2
- ケチャップ
- ディジョンマスタード 大さじ 1
- マヨネーズ 大さじ 2
- 4 オンス。チェダーチーズ
- 塩とコショウの味

方向

a) オーブンを華氏 350 度に予熱します。

b) 大きなミキシングボウルに、すべての材料とチェダーチーズの半分を混ぜ合わせます。

c) 混合物をクッキングシートを敷いた 9x9 型の天板に注ぎます。次に、残りの半分のチェダーチーズを上に振りかけます。

d) 上段で 20 分焼きます。

e) スライスした後、追加のトッピングを添えてお召し上がりください。

67. 焼きジャンバラヤキャセロール

4 回分が作れます

材料

- 10 オンスのテンペ
- オリーブオイル　大さじ 2
- 中くらいの黄玉ねぎ　1 個、みじん切りにする
- 中くらいのピーマン　1 個、みじん切りにする
- ニンニク　2 片（みじん切り）
- 角切りトマト　1 缶（28 オンス）、水切りなし
- 白米　1/2 カップ
- 野菜スープ　1 1/2 カップ
- 調理済みの　1 1/2 カップ、または濃い赤インゲン豆　1 缶（15.5 オンス）を水切りし、すすいでください。
- 新鮮なパセリのみじん切り　大さじ 1
- ケイジャンシーズニング　小さじ 11/2
- 乾燥タイム　小さじ 1
- 塩　小さじ 1/2
- 挽きたての黒コショウ　小さじ 1/4

方向

a)　オーブンを華氏 350 度に予熱します。

b)　テンペを中鍋の沸騰したお湯で 30 分間茹でます。水を切って軽くたたいて乾燥させます。1/2 インチの立方体に切ります。

c)　大きめのフライパンに油大さじ 1 を中火で熱します。テンペを 8 分間、またはテンペの両面に焼き色がつくまで焼きます。テンペを 9×13 インチのグラタン皿に入れて冷まします。

d)　　同じフライパンに残りの油大さじ 1 を入れて中火で加熱します。玉ねぎ、ピーマン、ニンニクをボウルに入れて混ぜます。蓋をして約 7 分間、または野菜が柔らかくなるまで煮ます。

e)　　野菜混合物とテンペをグラタン皿に入れます。

f)　　トマト、液体、米、スープ、インゲン豆、パセリ、ケイジャンシーズニング、タイム、塩、黒コショウを加えます。よく混ぜてからしっかりと蓋をし、1 時間または米が柔らかくなるまで焼きます。すぐにお召し上がりください。

68. ナスとテンペのパスタ

4 回分が作れます

材料

- 8 オンスのテンペ
- 中ナス 1 本
- 大きめのパスタシェル 12 個
- ニンニク 1 片 （つぶす）
- ¹/カイエン粉末 小さじ 4
- 塩と挽きたての黒胡椒
- 味付けしていない乾燥パン粉
- マリナラソース 3 カップ

方向

a) オーブンを華氏 450 度に予熱します。

b) テンペを中鍋の沸騰したお湯で 30 分間茹でます。水を切って冷ましておきます。

c) ナスにフォークで穴をあけ、軽く油を塗った天板で柔らかくなるまで約 45 分間焼きます。

d) ナスをローストしている間に、沸騰した塩水の鍋でパスタの殻をアルデンテになるまで約 7 分間調理します。水を切り、冷水ですすいでください。

e) ナスをオーブンから取り出し、縦半分に切り、水分を切ります。

f) オーブンの温度を華氏 350 度に下げます。

g) ニンニクをフードプロセッサーで細かく砕くまで加工します。テンペを粗く粉砕するまで混ぜます。

h)　ナスの果肉を殻からこそぎ取り、テンペとニンニクとフードプロセッサーで混ぜます。カイエンペッパーを加え、塩とコショウで味を調え、パルスしてブレンドします。具材がゆるすぎる場合はパン粉を加えてください。

i)　準備したグラタン皿の底にトマトソースの層を広げます。シェルが完全に満たされるまでフィリングを詰めます。

j)　残りのソースを貝殻の上と周囲に注ぎ、ソースの上に並べます。

k)　ホイルで覆い、30 分間焼きます。

a)　蓋を外し、パルメザンチーズをふりかけ、さらに 10 分焼きます。すぐにお召し上がりください。

69. 豆腐と麺

4 つになります

材料

- 8 オンスの北京風生麺
- 木綿豆腐 12 オンス ブロック 1 個
- チンゲンサイ 3 本とネギ 2 本
- ⅓濃口醤油カップ
- 黒豆ソース 大さじ 2
- 中国産ライスワインまたはドライシェリー酒 小さじ 2
- 黒米酢 小さじ 2
- 塩 小さじ 1/4
- ニンニク入りチリペースト 小さじ 1/4
- ラー油 小さじ 1
- ごま油 小さじ 1/4
- 水 1/2 カップ
- 揚げ油 大さじ 2
- 生姜のみじん切り 2 枚
- ニンニク 2 片（みじん切り）
- 赤玉ねぎ 1/4 個（みじん切り）

方向

a) 麺を沸騰させ、柔らかくなるまで茹でます。水を完全に排出します。豆腐を立方体に切ります。

b) チンゲン菜を沸騰したお湯に数秒間浸して下ゆでし、完全に水を切ります。

c) 濃い口醤油、黒豆ソース、こんにゃく酒、黒米酢、塩、ニンニク入り唐辛子ペースト、ラー油、ごま油、水を大きなミキシングボウルに入れて混ぜます。

d) 予熱した中華鍋またはフライパンに油を入れて熱します。加熱した油に生姜、ニンニク、ネギを加えます。香りが立つまで数分間炒めます。赤玉ねぎを加えてさっと炒めます。側面を押し上げ、チンゲン菜の茎を加えます。

e) チンゲン菜が鮮やかな緑色になり、玉ねぎが柔らかくなるまで葉を混ぜます。

f) 鍋の真ん中でソースを沸騰させます。豆腐を投入します。数分間煮て豆腐にソースを吸収させます。麺を投入します。

g) すべてを混ぜ合わせて、すぐにお召し上がりください。

70. ケイジャン風豆腐

4 回分が作れます

材料

- 1 ポンドの超木綿豆腐、水を切り、軽くたたいて水気を切る
- 塩
- ケイジャンシーズニング　大さじ 1 ＋ 小さじ 1
- オリーブオイル　大さじ 2
- ¹/ みじん切りにしたピーマン　4 カップ
- みじん切りセロリ　大さじ 1
- ネギみじん切り　大さじ 2
- ニンニク　2 片　（みじん切り）
- 角切りトマト　1 缶　（14.5 オンス）、水気を切る
- 醤油　大さじ 1
- 新鮮なパセリのみじん切り　大さじ 1

方向

a)　豆腐を 1/2 インチの厚さに切り、塩とケイジャンシーズニング大さじ 1 を両面に加えます。

b)　小鍋に油大さじ 1 を中火で熱します。セロリとピーマンを加えます。

c)　5 分間調理します。

d)　トマト、醤油、パセリ、残りの小さじ 1 杯のケイジャンスパイスブレンドを加え、塩とコショウで味を調えます。10 分間煮込んだ後、置いておきます。

e)　残りの大さじ 1 杯の油を大きなフライパンに入れて中強火で加熱します。豆腐を 10 分間、または豆腐の両面が茶色になるまで調理します。ソースを加えてから 5 分ほど煮ます。

f)　すぐにお召し上がりください

71. ビーガン豆腐ラザニア

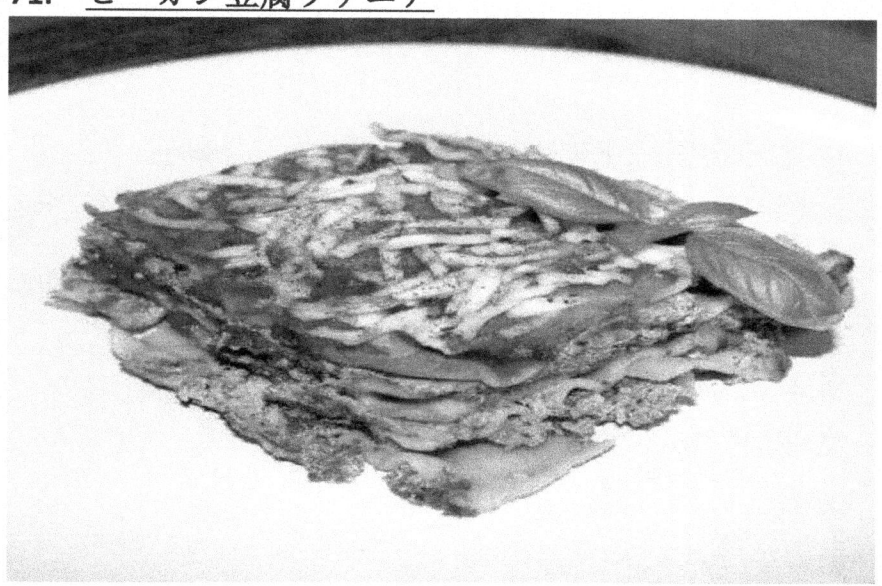

6 食分が作れます

材料

- 12 オンスのラザニアヌードル
- 1 ポンドの木綿豆腐、水を切り、砕いたもの
- 1 ポンドの柔らかい豆腐、水を切り、砕いたもの
- ニュートリショナルイースト　大さじ 2
- 新鮮なレモン汁　小さじ 1
- 塩　小さじ 1
- 挽きたての黒コショウ　小さじ 1/4
- 新鮮なパセリのみじん切り　大さじ 3
- ビーガンパルメザンチーズ　1/2 カップ　またはパルマシオ
- マリナラソース　4 カップ

方向

a)　オーブンを 350°F に予熱します。

b)　沸騰した塩水の入った鍋で、麺を中火にかけ、時々かき混ぜながらアルデンテになるまで約 7 分間茹でます。

c)　大きめのボウルに木綿豆腐と柔らかい豆腐を入れて混ぜ合わせます。ニュートリショナルイースト、レモン汁、塩、コショウ、パセリ、パルメザンチーズ 1/4 カップを加えます。よく混ざるまで混ぜます。

d)　トマトソースの層をスプーンで 9 x 13 インチのグラタン皿の底に注ぎます。その上に茹でた麺の層を乗せます。

e)　豆腐混合物の半分を麺の上に均等に広げます。別の麺の層、続いてソースの層を繰り返します。

f)　　残りの豆腐をソースの上に広げ、最後に麺とソースをかけて完成です。残りの 1/4 カップのパルメザンチーズを振りかけます。ソースが残っている場合は保存し、ラザニアと一緒にボウルに入れて熱いうちにお召し上がりください。

g)　　ホイルで覆い、45 分間焼きます。蓋を外してさらに 10 分焼きます。

h)　　食べる前に 10 分間放置してください。

72. かぼちゃのラビオリ エンドウ豆入り

4 回分が作れます

材料

- かぼちゃピューレ缶詰 1 カップ
- 砕いた超木綿豆腐 1/2 カップ
- 新鮮なパセリのみじん切り 大さじ 2
- ナツメグをつまむ
- 塩と挽きたての黒胡椒
- 1 卵不使用のパスタ生地
- 中くらいのエシャロット 2〜3 個（スライス）
- 解凍した冷凍ベビーピース 1 カップ

方向

a)　ペーパータオルを使ってカボチャと豆腐から余分な水分を吸い取り、栄養酵母、パセリ、ナツメグ、塩コショウと合わせてフードプロセッサーで味を調えます。脇に置いておきましょう。

b)　ラビオリを作るには、軽く打ち粉をした台の上でパスタ生地を薄く伸ばします。生地を切り分けます

c)　幅 2 インチのストリップ。小さじ山盛り 1 杯の詰め物を 1 本のパスタストリップの上に、上から約 1 インチのところに置きます。

d)　小さじ 1 杯のもう 1 杯の具材をパスタストリップの上に置き、最初のスプーン 1 杯の具材の約 1 インチ下に置きます。

e)　生地ストリップ全体に沿ってこれを繰り返します。生地の端を水で軽く濡らし、2 番目のパスタを最初のパスタの上に置き、詰め物を覆います。

f)　　2 層の生地をフィリングの部分の間に押し込みます。ナイフを使って生地の側面を整えて真っ直ぐにし、各詰め物の間の生地を横切って四角いラビオリを作ります。

g)　　密封する前に、充填物の周りのエアポケットを必ず押し出してください。フォークの歯を使って生地の端に沿って押し、ラビオリを密閉します。

h)　　ラビオリを打ち粉をした皿に移し、残りの生地とソースで繰り返します。脇に置いておきましょう。

i)　　大きなフライパンに油を中火で熱します。エシャロットを加え、時々かき混ぜながら、エシャロットが濃い黄金色になるまで焦げないように約 15 分間煮ます。エンドウ豆を加えてかき混ぜ、塩、コショウで味を調えます。非常に弱火で保温してください。

j)　　大きな鍋に沸騰した塩水を入れ、ラビオリが浮き上がるまで約 5 分間茹でます。よく水を切り、エシャロットとエンドウ豆の入った鍋に移します。

k)　　1〜2 分間調理して味を混ぜ合わせたら、大きなボウルに移します。

l)　　たっぷりの胡椒で味付けし、すぐにお召し上がりください。

73.　ズッキーニのパルメザンチーズヌードル

2 になります

合計時間: 7 分

材料

- ズッキーニ 中 2 個
- バター 大さじ 2
- ニンニク 3 片（みじん切り）
- パルメザンチーズ 3/4 カップ
- 赤唐辛子フレーク 小さじ 1/4

方向

a) 野菜スパイラライザーまたは千切りピーラーを使用して、ズッキーニをらせん状または麺線に切ります。麺を脇に置きます。

b) 大きな鍋を中火にかけます。バターを溶かし、ニンニクを加えます。ニンニクを香りが立って半透明になるまで約 30 秒間炒めます。

c) ズッキーニ麺を加え、柔らかくなるまで約 3〜5 分間調理します。

d) 鍋を火から下ろし、パルメザンチーズを加え、塩、コショウで味を調えます。

e) チリフレークを加えて温めてお召し上がりください。

74. 豆腐のアーモンドバター炒め

6 になります

材料

- 12 オンスパッケージの追加の社豆腐 1 個。
- ごま油　大さじ 2（小分け）
- 減塩たまり　大さじ 4
- メープルシロップ　大さじ 3。
- アーモンドバター　大さじ 2
- ライムジュース　大さじ 2。
- チリソースガーリックソース　小さじ 1〜2
- 野菜
- ワイルドライス、白米、カリフラワーライス。

方向:

a)　オーブンが予熱されたら、豆腐のラップを解き、小さな立方体に切ります。

b)　その間に、小さなミキシングボウルに、ごま油の半分、タマリ、メープルシロップ、アーモンドバター、ライムジュース、チリソースガーリックソース/レッドペッパーフレーク/タイ唐辛子を加えます。ブレンドして統合します。

c)　焼き豆腐をアーモンドバターたまりソースに加え、時々かき混ぜながら 5 分間マリネします。マリネ時間が長ければ長いほど、味はより極端になりますが、私は 5〜10 分で十分であることがわかりました。

d)　大きなフライパンを中火で熱します。熱くなったら、マリネのほとんどを残して豆腐を加えます。

e)　時々かき混ぜながら、すべての面が茶色になり、わずかにカラメル色になるまで、約 5 分間調理します。鍋から取り出して脇に置きます。

f)　フライパンにマリネ液の残りのごま油を入れます。

75. キヌアひよこ豆の仏陀ボウル

2 になります

材料

ヒヨコマメ：

- 乾燥ひよこ豆　1 カップ。

- 海塩　小さじ 1/2。

キノア：

- オリーブオイル、グレープシードオイル、またはアボカドオイル（またはココナッツオイル）大さじ 1。

- ホワイトキヌア　1 カップ（よくすすぐ）。

- 水 1 3/4 カップ。

- 健康的な海塩　1 つまみ。

ケール：

- カーリーケール　大きなパッケージ　1 個

タヒニソース：

- タヒニ　1/2 カップ。

- 海塩　小さじ 1/4。

- ガーリックパウダー小さじ 1/4。

- 水 1/4 カップ。

提供する場合:

- 新鮮なレモン汁。

方向:

a)　ひよこ豆を冷水に一晩浸すか、すぐに浸す方法を使用します。洗ったひよこ豆を大きな鍋に加え、2 インチの水で覆います。水を切り、洗い、鍋に戻します。

b)　　水に浸したひよこ豆を調理するには、大きな鍋に入れ、2 インチの水で覆います。強火で沸騰させてから火を弱め、塩を加えて混ぜ、蓋をせずに 40 分〜1 時間 20 分煮ます。

c)　　40 分経過した時点で豆を試食して、豆がどれだけ柔らかくなるかを確認します。準備ができたらすぐに豆を水切りし、脇に置き、もう少し塩を振ります。

d)　　タヒニ、海塩、ガーリックパウダーを少量のミキシングボウルに加え、泡立てて混ぜ合わせてドレッシングを準備します。次に、注ぎやすいソースになるまで水を少しずつ加えます。

e)　　中鍋に 1/2 インチの水を加え、中火で煮ます。ケールをすぐに火から下ろし、小さな皿に移して盛り付けます。

76. もち豆腐の麺入り

材料:

- 大きなキュウリ 1/2 本。
- 米赤ワインビネガー 100ml。
- ゴールデンキャスターシュガー 大さじ 2。
- 植物油 100ml。
- 会社豆腐 200g パックを 3cm 角に切ります。
- メープルシロップ 大さじ 2。
- 黒味噌または白味噌 大さじ 4。
- 白ごま 30g。
- 乾そば 250g。
- ネギ 2 本をみじん切りにして盛り付けます。

方向:

a) ピーラーを使用して、種を残してキュウリから薄いリボンを切り取ります。リボンをボウルに入れて脇に置きます。鍋に酢、砂糖、塩小さじ 1/4、水 100ml を入れて中火で砂糖が液状になるまで 3〜5 分加熱し、キュウリに注ぎ、豆腐を準備している間に冷蔵庫で漬ける。 。

b) 大きなテフロン加工のフライパンに油大さじ 1 を除くすべてを中火で、表面に泡が立ち始めるまで加熱します。豆腐を加えて 7〜10 分炒める。

c) 小さなボウルに蜂蜜と味噌を入れて混ぜ合わせます。ごまをお皿に広げます。油揚げにねばねば蜂蜜ソースを塗り、残り物は取っておきます。豆腐に種を均等にまぶし、塩少々をまぶして暖かい場所に置きます。

d) 麺を準備し、残りの油、残りのソース、キュウリのピクルス液大さじ 1 を混ぜます。完全に温まるまで 3 分間調理します。

77. ビーガン BBQ 照り焼き豆腐

材料:

- 減塩醤油　大さじ 4。
- 三温糖　大さじ 2。
- すりおろした生姜をつまみます。
- みりん　大さじ 2。
- ごま油小さじ 3。
- 350 g のブロックの極木綿豆腐（下記のヒントを参照）を厚めに切ります。
- 菜種油　大さじ 1/2。
- ズッキーニ　2　個を水平方向に細切りにします。
- 柔らかい茎ブロッコリー　200g。
- 白ごまと黒ごまを添えてお召し上がりください。

方向:

a) 醤油、三温糖、生姜、みりんをごま油小さじ 1 と混ぜ、豆腐全体に刷毛で塗ります。

b) 大きくて浅い食事にそれらを入れ、残りのマリネの上に置きます。少なくとも 1 時間冷やします。

c) 炭が白く光るまでバーベキューを加熱するか、グリドルパンを加熱します。残ったごま油と菜種油を混ぜ、ズッキーニのスライスとブロッコリーを刷毛で塗ります。

d) 石炭の上で 7〜10 分間、または傷むまでバーベキューし、その後予約して保温します。

e) 豆腐の両面を炭の上で 5 分間（またはフライパンを使用）、茶色になり、端がカリカリになるまで焼きます。

f) 豆腐を野菜の上に置き、マリネ液と一緒に盛り付け、ゴマを散らします。

78. 豆腐大根和え

材料:

- 木綿豆腐 200g。
- ゴマ 大さじ 2。
- 刺身唐辛子 大さじ 1

スパイスミックス

- トウモロコシ粉 大さじ 1/2。
- ごま油 大さじ 1。
- 植物油 大さじ 1。
- 柔らかい茎ブロッコリー 200g。
- スナップエンドウ 100g。
- 大根 4 個、非常に細かくスライスします。
- ネギ 2 本を丁寧にスライスします。
- キンカン 3 個、非常に細かくスライスします。

着付け用に

- 減塩醤油 大さじ 2
- ゆず果汁 大さじ 2
- ゴールデンキャスターシュガー小さじ 1。
- 小さなエシャロット 1 個を細かく刻みます。
- すりおろした生姜 小さじ 1。

方向:

a) 豆腐を半分に切り、キッチンペーパーをかぶせて皿に盛り付けます。厚手のフライパンを上に置き、水分を絞ります。豆腐が乾いたと感じるまで紙を数回修正し、大きめに切ります。

b) ボウルにゴマ、和風スパイスミックス、コーンフラワーを入れて混ぜ合わせます。豆腐に層状になるまでスプレーします。脇に置いておきましょう。

c) 小さなボウルにドレッシングの材料を入れて混ぜ合わせます。鍋に水を入れて野菜を沸騰させ、大きなフライパンに2種類の油を入れて熱します。

d) フライパンが熱くなったら豆腐を入れて片面1分程度、きつね色になるまで焼きます。

e) お湯が沸騰したら、ブロッコリーとスナップエンドウを2〜3分茹でます。

79. スモーキーひよこ豆のツナサラダ

ひよこ豆マグロ：

- 15 オンス 缶詰またはその他の調理済みひよこ豆。
- 乳製品不使用のプレーンヨーグルトまたはビーガンマヨネーズ 大さじ 2〜3。
- ディジョンマスタード小さじ 2。
- 粉末クミン小さじ 1/2。
- スモークパプリカ 小さじ 1/2。
- 新鮮なレモン汁 大さじ 1。
- セロリの茎 1 本をみじん切りにする。
- ねぎ 2 本をみじん切りにする。
- 味に海塩。

サンドイッチアセンブリ:

- ライ麦パンまたは発芽小麦パン 4 個。
- 幼児用ほうれん草 1 カップ。
- アボカド 1 個をスライスまたは角切りにする。
- 塩+コショウ。

方向:

a) ひよこ豆のツナサラダを準備する

b) ひよこ豆をフードプロセッサーで、粗くてもろい質感になるまでパルスします。ひよこ豆を中くらいの大きさのボウルにスプーンで入れ、残りの有効成分を加え、よく混ざるまでかき混ぜます。海塩をたっぷり加えてお好みの味に味付けしてください。

c) サンドイッチを作りましょう

d) ベビーほうれん草をパンの各スライスに重ねます。ひよこ豆のツナサラダを山盛り数個加え、均等に広げます。アボカドのスライス、海塩数粒、挽きたてのコショウを上に乗せます。

デザート

80. コリアンダー入りアボカドライムシャーベット

4 つになります

材料

- アボカド 2 個 （種と皮を取り除いたもの）
- 粉末エリスリトール 1/4 カップ
- 果汁とゼストを除いたライム（中）2 個
- ココナッツミルク 1 カップ
- 液体ステビア 小さじ 1/4
- コリアンダーみじん切り 1/4 – 1/2 カップ

方向

a) ココナッツミルクを鍋で沸騰させます。ライムの皮を加えます。

b) 混合物を冷ましてから凍結させます。

c) フードプロセッサーで、アボカド、コリアンダー、ライムジュースを混ぜます。混合物が塊状の質感になるまでパルスします。

d) ココナッツミルク混合物と液体ステビアをアボカドの上に注ぎます。適切な粘稠度に達するまで混合物をパルスします。この作業にはおよそ 2 〜 3 分かかります。

e) 冷凍庫に戻して解凍するか、すぐにお召し上がりください。

81. パンプキンパイチーズケーキ

1 になります

材料
ザ・クラスト

- アーモンド粉　3/4 カップ
- 亜麻仁ミール　1/2 カップ
- バター　1/4 カップ
- パンプキンパイスパイス　小さじ 1
- 液体ステビア　25 滴

詰め物

- 6 オンス　ビーガンクリームチーズ
- かぼちゃピューレ　1/3 カップ
- サワークリーム　大さじ 2
- ビーガンヘビークリーム　1/4 カップ
- バター　大さじ 3
- パンプキンパイスパイス　小さじ 1/4
- 液体ステビア　25 滴

方向

a)　クラストの乾燥成分をすべて混ぜ合わせ、よくかき混ぜます。

b)　乾燥した材料をバターと液体ステビアと一緒に生地が形成されるまでマッシュします。

c)　ミニタルト型の場合は、生地を小さな球状に丸めます。

d)　生地がタルト型の側面に達して側面に上がるまで押しつけます。

e)　フィリングの材料をすべてミキシングボウルに入れて混ぜます。

f)　浸漬ブレンダーを使用してフィリングの材料を混ぜ合わせます。

g)　フィリングの材料が滑らかになったら、生地に広げて冷やします。

h)　冷蔵庫から取り出し、スライスし、お好みで生クリームを添えます。

82. モカアイスクリーム

2 になります

材料

- ココナッツミルク　1 カップ
- ビーガンヘビークリーム　1/4 カップ
- エリスリトール　大さじ 2
- 液体ステビア　20 滴
- ココアパウダー　大さじ 2
- インスタントコーヒー　大さじ 1
- ミント

方向

a)　すべての材料をブレンドし、アイスクリームメーカーに移し、メーカーの指示に従って 15 〜 20 分間かき混ぜます。

b)　アイスクリームが柔らかく凍ったら、すぐにミントの葉を添えてお召し上がりください。

83.　チェリーとチョコレートのドーナツ

12 個になります

乾燥成分

- アーモンド粉 3/4 カップ
- ゴールデンフラックスシードミール 1/4 カップ
- ベーキングパウダー 小さじ 1
- 塩をひとつまみ
- ダークチョコレートバー 10g（角切り）

ウェット成分

- 大きめの卵 2 個
- バニラエキス 小さじ 1
- ココナッツオイル 大さじ 2 1/2
- ココナッツミルク 大さじ 3

方向

a) 大きなミキシングボウルに、乾燥した材料（ダークチョコレートを除く）を混ぜ合わせます。

b) 濡れた材料を混ぜ合わせ、ダークチョコレートの塊を加えます。

c) ドーナツメーカーを接続し、必要に応じて油を塗ります。

d) ドーナツメーカーに生地を流し込み、蓋をして 4〜5 分ほど焼きます。

e) 火を弱め、さらに 2〜3 分間調理します。

f) 残りのバッターについてもこれを繰り返し、サーブします。

84. ブラックベリープディング

1 になります

材料

- ココナッツ粉　1/4 カップ
- ベーキングパウダー　小さじ 1/4
- ココナッツオイル　大さじ 2
- ビーガンバター　大さじ 2
- ビーガンヘビークリーム　大さじ 2
- レモン汁　小さじ 2
- ゼスト 1 レモン
- ブラックベリー　1/4 カップ
- エリスリトール　大さじ 2
- 液体ステビア　20 滴

方向

a)　オーブンを華氏 350 度に予熱します。

b)　乾燥した成分を湿った成分の上にふるいにかけ、完全に混ざるまで低速で混合します。

c)　生地を 2 つのラミキンに分けます。

d)　ブラックベリーを生地の上部に押し込み、生地に均等に分散させます。

e)　20〜25 分間焼きます。

f)　その上に生クリームをたっぷりと添えてお召し上がりください！

85. パンプキンパイ メープルシロップ添え

8 人前が作れます

材料

- ビーガンパイ生地 1 個
- カボチャの固形パック缶 1 個（16 オンス）
- 極木綿豆腐 1 パッケージ（12 オンス）、水切り
- 砂糖 1 カップ
- シナモンパウダー 小さじ 2
- オールスパイス 小さじ 1/2
- すりおろし生姜 小さじ 1/2
- ナツメグ粉末 小さじ 1/2

方向

a)　かぼちゃと豆腐をフードプロセッサーで滑らかになるまで混ぜます。砂糖、メープルシロップ、シナモン、オールスパイス、生姜、ナツメグを滑らかになるまで加えます。

b)　オーブンを華氏 400 度に予熱します。

c)　クラストにフィリングを詰めます。350°F で 15 分間焼きます。

86. 素朴なコテージパイ

4〜6 人前が作れます

材料

- ユーコンゴールドポテト（皮をむいて角切り）
- ビーガンマーガリン　大さじ 2
- 普通の無糖豆乳　1/4 カップ
- 塩と挽きたての黒胡椒
- オリーブオイル　大さじ 1
- 中くらいの黄色のタマネギ　1 個、細かく刻む
- ニンジン中 1 本、細かく刻む
- セロリリブ　1 本（細かく刻む）
- 12 オンスのセイタン、細かく刻む
- 冷凍エンドウ豆　1 カップ
- 冷凍トウモロコシ粒　1 カップ
- 乾燥セイボリー　小さじ 1
- 乾燥タイム　小さじ 1/2

方向

a)　沸騰した塩水を鍋に入れ、ジャガイモが柔らかくなるまで 15〜20 分間調理します。

b)　水をよく切って鍋に戻します。マーガリン、豆乳、塩、コショウを加えて味を調える。

c)　ポテトマッシャーで粗く潰し、置いておきます。オーブンを 350°F に予熱します。

d)　大きなフライパンに油を中火で熱します。玉ねぎ、にんじん、セロリを加えます。

e) 蓋をして柔らかくなるまで約 10 分間煮ます。野菜を 9 x 13 インチの天板に移します。セイタン、マッシュルームソース、エンドウ豆、コーン、セイボリー、タイムを加えて混ぜます。

f) 塩、こしょうで味を調え、天板に均等に広げます。

g) その上にマッシュポテトを乗せ、天板の端まで広げます。ジャガイモが茶色になり、詰め物が泡立つまで約 45 分間焼きます。

h) すぐにお召し上がりください。

87. チョコレートアマレットフォンデュ

4 回分

材料

- 3 オンスの無糖ベーキングチョコレート
- 生クリーム　1 カップ
- アスパルテーム甘味料　24 袋
- 砂糖　大さじ 1
- アマレット　小さじ 1
- バニラエッセンス　小さじ 1
- ベリー類、1 回分につき 1/2 カップ

方向

a)　チョコレートを細かく砕き、クリームと一緒に 2 カップのグラスに入れます。

b)　電子レンジの強でチョコレートが溶けるまで約 2 分間加熱します。混合物が光沢があるまで泡立てます。

c)　甘味料、砂糖、アマレット、バニラを加え、混合物が滑らかになるまで泡立てます。

d)　混合物をフォンデュポットまたはサービングボウルに移します。ベリーを添えてディップしてお召し上がりください。

88. ラズベリークーリのフラン

2〜4 人前が作れます

材料

- 牛乳 1 カップ
- 1 カップ半々
- 大きな卵 2 個
- 大きめの卵黄 2 個
- アスパルテーム甘味料 6 袋
- コーシャーソルト 小さじ 1/4
- バニラエッセンス 小さじ 1
- 新鮮なラズベリー 1 カップ

方向

a) 1 インチの水を満たしたローストパンをオーブンの下 3 分の 1 のラックに置きます。

b) 6 1/2 インチのラミキンにバターを塗ります。牛乳と半分を電子レンジの強（出力 100 パーセント）で 2 分間加熱するか、中くらいの鍋に入れてコンロで温まるまで加熱します。

c) その間に、卵と卵黄を中くらいのボウルで泡立つまで混ぜます。

d) 温かい牛乳混合物を卵に徐々に加えます。甘味料、塩、バニラを加えて混ぜます。混合物を準備したラメキンに注ぎます。

e) 水を満たした鍋に入れ、カスタードが固まるまで約 30 分間焼きます。

f) ローストパンから皿を取り出し、ワイヤーラックの上で室温まで冷却し、冷めるまで冷蔵庫で約 2 時間冷やします。

g)　　クーリを作るには、ラズベリーをフードプロセッサーでピューレにするだけです。好みに応じて甘味料を加えます。

h)　　召し上がる際は、各カスタードの端にスプーンをなじませて、デザート皿の上に出します。

i)　　カスタードの上にクーリをふりかけ、新鮮なラズベリーを数個と、使用する場合はミントの小枝を加えて仕上げます。

89. バーボンのフルーツボール

2 回分が作れます

材料

- メロンボール 1/2 カップ
- 半分に切ったイチゴ 1/2 カップ
- バーボン 大さじ 1
- 砂糖 大さじ 1
- アスパルテーム甘味料 1/2 パケット
- 飾り用のフレッシュミントの小枝

方向

a)　ガラス皿にメロンボールとイチゴを入れて混ぜます。

b)　バーボン、砂糖、アスパルテームを加えて混ぜます。

c)　蓋をして、食べる時まで冷蔵庫で冷やします。フルーツをスプーンでデザート皿に盛り、ミントの葉を飾ります。

ビネグレットとマリネ

90. ガーリックランチドレッシング

材料

- ガーリックパウダー　小さじ 1
- マヨネーズ　大さじ 2
- ディジョンマスタード　小さじ 2
- 新鮮なレモン汁　大さじ 2
- 塩と挽きたての黒コショウで味を調える

方向

a) すべての材料をサラダボウルに入れて混ぜます。

b) サラダと和えてお召し上がりください。

91. 赤玉ねぎとコリアンダーのドレッシング

材料

- 赤玉ねぎのみじん切り 小さじ 1
- 細かく刻んだ結晶生姜 小さじ 1/2
- 湯通しして細切りにしたアーモンド 大さじ 1
- ゴマ 小さじ 2
- アニスシード 小さじ 1/4
- 新鮮なコリアンダーのみじん切り 小さじ 1
- カイエンペッパー 小さじ 1/8
- 白ワインビネガー 大さじ 1
- エクストラバージンオリーブオイル 大さじ 1

方向

a) 小さなボウルに玉ねぎ、生姜、アーモンド、ゴマ、アニスシード、コリアンダー、カイエンペッパー、酢を入れて混ぜます。

b) よく混ざるまでオリーブオイルを加えてかき混ぜます。

92. ディリーランチのクリームドレッシング

材料

- マヨネーズ 大さじ 2
- 細かく刻んだ新鮮なディル 大さじ 1
- 白ワインビネガー 大さじ 1
- ディジョンマスタード 小さじ 1

方向

a) すべての材料をサラダボウルに入れて混ぜ合わせます。

b) サラダと和えてお召し上がりください。

93. ホットチャチャドレッシング

材料

- エクストラバージンオリーブオイル　大さじ 1
- マヨネーズ　大さじ 1
- マイルドまたはホットサルサ　大さじ 2
- 挽きたての黒胡椒　小さじ 1/4
- 粉末クミン　小さじ 1/8
- ガーリックパウダー　小さじ 1
- オレガノ　小さじ 1/4
- カイエンをお好みで（オプション）
- 塩と挽きたての黒コショウで味を調える

方向

a) すべての材料を小さなボウルでよく混ぜます。

b) 味見をして調味料を調整してください。

94. ケイジャン風ビネグレットソース

材料

- 赤ワインビネガー　大さじ 2
- スイートパプリカ　小さじ 1/2
- 粒状ディジョンマスタード　小さじ 1/2
- カイエンペッパー小さじ 1/8、またはお好みで
- 砂糖代替品　小さじ 1/8（またはそれ以下）（オプションまたはお好みで）
- エキストラバージンオリーブオイル　大さじ 2
- 塩と挽きたての黒コショウを味わう

方向

a) すべての材料をサラダボウルに入れて混ぜ合わせます。味見をして調味料を調整してください。

b) サラダ菜を上に重ねて和え、お召し上がりください。

95. マスタードビネグレットソース

材料

- エキストラバージンオリーブオイル　大さじ 2
- 粒マスタード　小さじ 2
- ガーリックパウダー　大さじ 1
- 下準備した西洋わさび　小さじ 1/2
- 赤ワインビネガー　大さじ 2
- 砂糖　小さじ 1/4
- 塩と挽きたての黒コショウで味を調える

方向

a) すべての材料をサラダボウルに入れて混ぜます。味見をして調味料を調整してください。

b) サラダ野菜と重ねて、食べる直前に和えます。

96. ジンジャーとペッパーのビネグレットソース

材料

- 米酢　大さじ 1
- 砂糖　小さじ 1/4
- ニンニク　1 片（細かく刻む）
- 細かく刻んだ生の生姜　小さじ 1/2
- 砕いた乾燥ホットチリ　小さじ 1/4
- ドライマスタード　小さじ 1/4
- ごま油　小さじ 1/4
- 植物油　大さじ 2

方向

a) すべての材料をサラダボウルに入れて混ぜます。味見をして調味料を調整してください。

b) サラダ野菜と重ねて、食べる直前に和えます。

97. シトラスビネグレットソース

材料

- 新鮮なレモン汁　大さじ 1
- 新鮮なライムジュース　大さじ 1
- 新鮮なオレンジジュース　大さじ 1
- 米酢　小さじ 1
- エキストラバージンオリーブオイル　大さじ 3
- 砂糖　小さじ 1/2
- 塩と挽きたての黒コショウで味を調える

方向

a) すべての材料を大きなサラダボウルに入れて混ぜます。レタスの葉を
ドレッシングの上に重ねます。

b) 食べる直前にトスしてください。

98. 白胡椒とクローブの擦り込み

材料

- 白コショウ 1/4 カップ
- オールスパイス粉末 大さじ 1
- シナモンパウダー 大さじ 1
- グランドセイボリー 大さじ 1
- クローブ丸ごと 大さじ 2
- ナツメグ粉末 大さじ 2
- パプリカ 大さじ 2
- 乾燥タイム 大さじ 2

方向

a) すべての材料をミキサーまたはフードプロセッサーで混ぜ合わせます。

b) しっかりと蓋が閉まる瓶に入れて保管してください。

99. チリドライラブ

材料

- ガーリックパウダー　大さじ 3
- パプリカ　大さじ 3
- チリパウダー　大さじ 1
- 塩　小さじ 2
- 挽きたての黒胡椒　小さじ 1、またはお好みで
- カイエンペッパー　小さじ 1/4

方向

a) スパイス混合物をフードプロセッサーまたはブレンダーで粉砕するか、乳鉢と乳棒を使用します。

b) しっかりと蓋が閉まる瓶に入れて保管してください。

100. 基本の植物ベースのマリネ

材料：

オリーブオイル　1/4 カップ
醤油　1/4 カップ
メープルシロップまたはアガベの花蜜　大さじ 2
ニンニク　2 片（みじん切り）
スモークパプリカ　小さじ 1
乾燥タイム　小さじ 1
塩とコショウの味
説明書：

ミキシングボウルに、オリーブオイル、醤油、メープルシロップまたはアガベネクター、みじん切りのニンニク、スモークパプリカ、乾燥タイム、塩、コショウを入れて混ぜ合わせます。
マリネを密封できる容器またはビニール袋に移します。
豆腐、テンペ、野菜など、お好みのたんぱく質を容器または袋に加え、少なくとも 30 分間、最大 24 時間マリネします。
マリネしたプロテインをグリル、ベーキング、ソテーなどお好みの方法で調理します。
提供して楽しんでください！

結論

このクックブックは、自然食品、植物ベースの食事に興味がある人にとって素晴らしいリソースです。レシピはわかりやすく、美味しく、どの食料品店でも手に入るシンプルな材料で作られています。この料理本は、ビーガンやベジタリアンだけでなく、より多くの植物ベースの食事を食事に取り入れて健康と幸福を改善したい人にも最適です。

このクックブックの素晴らしい点の 1 つは、その日のあらゆる食事だけでなく、スナックやデザートにもさまざまなレシピが掲載されていることです。スムージーボウルから風味豊かなシチューまで、この料理本には誰もが楽しめるものが揃っています。

Milton Keynes UK
Ingram Content Group UK Ltd.
UKHW020626130923
428592UK00014B/550